Designing
Your Life

人生の意匠(デザイン) 心理・社会・超越性からのアプローチ

日下菜穂子・三宅えり子・才藤千津子 編著
Nahoko Kusaka, Eriko Miyake, & Chizuko Saito

加賀裕郎 巻頭言
Hiroo Kaga

ナカニシヤ出版

巻頭言　大学でライフデザインを学ぶ

　近年，大学では「キャリア教育」と呼ばれるものが急速に普及してきました。それは正課の授業や就職支援の一環として採り入れられています。女子大学の中には「女性キャリア研究所」（日本女子大学），「エンパワーメント・センター」（東京女子大学），「女性アクティベーションセンター」（同志社女子大学）などのように，女性のキャリア教育とキャリア研究を総合したような組織を立ち上げたところもあります。しかし急速に普及しつつあるキャリア教育の意味は，必ずしも明確ではありません。『キャリア教育のウソ』（児美川，2013）というタイトルの本まで出ています。

　本書は心理学，女性学，宗教学の専門領域から，特に大学の，また女性のキャリア形成，キャリア教育の問題にアプローチしようとするものです。本論での具体的展開に先立って，巻頭言では，キャリア教育の意味，その必要性などについて考えてみましょう。

　まず「キャリア教育」が普及した経緯について触れておきます。その概念が最初に登場したのは，中央教育審議会（以下，中教審）「初等中等教育と高等教育の接続の改善について（答申）」（1999年）だと言われています（児美川，2013：34）。その後2003年に，文部科学省，厚生労働省，経済産業省，内閣府の関係四大臣による「若者自立・挑戦戦略会議」が発足し，総合的な人材対策として，「若者自立・挑戦プラン」が策定されました。このプランを具体化するために，文部科学省が打ち出したのが「キャリア教育総合計画」です。さらに2011年1月31日には，中教審「今後の学校におけるキャリア教育・職業教育の在り方について（答申）」が出されて，今日に至っています。

　本来キャリアとは，単に就職，職業だけでなく，人生の経歴，経路，生涯を意味します。しかしキャリア教育は，学校卒業後，定職につかないフリーターや，いったん就職しても早期に離職する若者の増加に対する対策という面をもっていました。キャリア教育においては，「はじめに若年雇用問題ありきだった」（児美川，2013：44）と言われる場合もあるぐらいです。2011年の中教審答申でも，初期のキャリア教育が勤労観・職業観を育てる教育に偏っていたことを反省して，それを「一人一人の社会的・職業的自立に向け，必要な基盤となる能力や態度を育てることを通して，キャリア発達を促す教育」と定義し，さらに「キャリア発達」を「社会の中で自分の役割を果たしながら，自分らしい生き方を実現していく過程」と定めています。そこで本書ではキャリアをライフデザイン（人生，生活のデザイン），キャリア教育をライフデザインの学習と捉え直したいと思います。

　キャリア教育が始まるきっかけは，若年雇用問題にあったと述べました。確かにフリーター，ニート，引きこもり，早期の離職など，若者の雇用に関わる問題や話題がさまざまあります。これらの原因を，若者の勤労意欲の低下，やる気のなさや甘えに求めることは容易です。そこからキャリア教育が，若者の勤労意欲を高め，やる気を起こす方向で捉えられる傾向が出てきます。しかしこの捉え方は間違っています。

　若者の勤労意欲の低下，やる気の減退といった問題について考えてみましょう。乾（2010）は，フリーターとか学卒無業者の増加について，「若者たちの意識変容の結果以上に，社会の構造的変化が若者たちにそれを強いたものであり，社会的・学校経歴的には不利な条件にあるものほどその影響を受けている」（乾，2010：55）と指摘します。

　社会の構造的変化とは，高度経済成長を通じて約8割を維持していた新規学卒就職率が次第に減少し，正規雇用の縮小と非正規雇用の拡大に転じたということを意味します。新規一括採

用と終身雇用を特色とする日本的経営が，非正規雇用の拡大，終身雇用の縮小という方向にシフトしたのです。その結果，学校から仕事への移行は長期化，複雑化しました。しかも学校から仕事への移行の長期化，複雑化の負の影響は，学歴，出身階層などで不利な人びとに強く表れています。フリーターや早期離職の問題の原因は，やる気の低下ではありません。

　乾の指摘する社会の構造的変化は，いつ頃起こったのでしょうか。求人倍率とか就職率の変化を見ると，1990年代に入って，若者の求人倍率とか就職率が低下しているのを確認できます。バブル崩壊のしわ寄せが，主として若者の雇用に押し寄せたと考えられます。バブル期と呼ばれる1980年代の後半，日本は産業社会からポスト産業社会，あるいは情報社会，消費社会に移行しました。原（2006）は「1980年代的なもの」を「消費・所有によって変身（周囲の人物との差異化＝卓越化，階層の脱出……）できると信じられていた時代であり，1986年頃から加速し，93年頃に終息する」（原，2006：81）と規定し，その時代の文化を「バブル文化」と名づけます。

　バブル文化の時代，若者の感性の冴えが持ち上げられました。若者の感性は消費社会，情報社会において輝きを放つと期待されました。しかしバブル崩壊後，若者は持ち上げられる対象から，バッシングの対象に変わっていきました。1990年代後半から2000年代前半に出た何冊かの本（山田，1999／正高，2003／速水，2006）は，著者の意図は別として，結果的に若者バッシングになっています。

　山田は現代の社会を「若者に冷たく，親は子どもにやさしい」（山田，2013：10）と特徴づけています。若者に冷たいとしたら，誰に対して暖かいのでしょうか。答えは「高齢者に対して」です。つまり現代社会の制度，政策，労働慣行は，相対的に高齢者にやさしく若者に厳しい。そして社会が若者に厳しい分，親がその埋め合わせをしているのです。親はわが子の学費，離職後の生活の面倒まで見ます。皮肉な見方をすれば，「はじめに若年雇用問題ありき」だった初期のキャリア教育は，現在の社会のつけを，若者にしっかり払わせるための教育だったとさえ言えるでしょう。

　次に現在，ライフデザインの学習が求められる理由について考えてみます。3つの理由を挙げておきましょう。第一は学校と社会の関係の在り方，第二はリスク社会，第三は若者の発達モデルの変容です。順次，考えてみましょう。

　最初に学校と社会の関係について考えてみます。先程，学校から社会への移行が長期化，複雑化したと述べました。長い間，ゼミ生の就職活動を見てきて思うのは，いろいろな意味で大学と社会の違いが大きいことです。

　ジョン・デューイ（J. Dewey）は学校を「小型の社会，胎芽的な社会」と規定しました（デューイ，1957：31）。子どもの成長に最も相応しい方法は，年齢に応じた社会生活に参加させることです。しかし近代以降の社会は複雑になったので，まず人工的に設定された小型の社会で練習した後に，現実の社会に参加させるようになりました。このような小型の社会が学校です。学校は子どもが健全な社会生活を送ることを通して，実際の社会生活を営む練習をする場所です。

　しかし学校が制度化されるにつれて，それは「小型の社会，胎芽的な社会」ではなく，社会から隔離された独特の場所になりました。こうなると学校で身に付けた知識，態度，エートスなどと，実社会のそれが著しく乖離する可能性が出てきます。本田（2009）は，「教育は仕事に役立つ必要はない」という教育界によくある考え方を厳しく批判し，学校は職業能力形成機能を，少なくとも部分的にはもたないといけないと言います。本田が指摘するように，学校が普通教育を重視し，職業教育を上級学年まで延期する傾向があることは確かです。その背後に，子

もたちを実社会から隔離した場所で保護しておきたい，という思いがないとは言い切れません。しかしこれからの学校は，社会から隔離された場所ではなく，それ自体が「小型の社会」であるとともに，社会に向かって開かれ，社会と自由に交流しつつ，子どもたちの社会参加と自己形成を促す「小型の社会，胎芽的な社会」にならなければなりません。ライフデザインの学習は，そのための方法の1つになりえます。

ライフデザインの学習を正当化する第二の理由について考えてみましょう。第二の理由のキーワードは再帰的近代，リスク社会，個人化などです。少し前までポスト・モダン社会論が流行しましたが，むしろ現代は，近代の後（ポスト）ではなく，近代化が生み出した結果によって，自らの姿を変えつつある時代，近代を動かしてきた原理が徹底されることで，近代が凌駕されていく時代だと言えます。この考え方の1つにウルリヒ・ベック（ベック，1998）のリスク社会論があります。

ここでは近代化をさしあたり，産業化によって人間が豊かになるプロセスと理解します。近代化の結果，富が蓄積されました。そこで問題になるのが蓄積された富の分配をどうするかです。近代の政治における大きな問題は，富の分配にありました。産業化と同時に進行したのがリスクの蓄積です。たとえば食品のリスク（食品添加物，遺伝子操作など），環境のリスク（公害，地球温暖化，砂漠化，原発など），社会や国家のリスク（治安の悪化，民族問題，地域紛争，領土問題など）が，近代化の過程で蓄積されました。現代の政治では，これらのリスクの分配が重要な問題になります。現代人が蒙っている危険は，近代化のつけなのです。

リスク社会の到来とともに，個人化と呼ばれる現象が現れます。それは3つにまとめられます（宇野ら，2011；加賀，2012b）。1つ目に，自分が属している社会の制度，慣行の力が弱くなり，その代わりに個人の決定や判断に委ねられる部分が大きくなることです。2つ目に，関心が個人の決定に向かって，公共への関心が弱くなることです。3つ目に，異なる価値観や生活様式の間で和解困難な対立が生じることです。

3つとも，個人の思考や決定に対する負荷がかかる事態を表わしています。この事態が個人化と呼ばれます。しかし乾は，個人化にはもう1つの面があると言います。それは現代社会では，個人が多様な制度やルールに縛られているということです。この点に関わって，東と大澤は次のように言います。「マクドナルドやハリウッドに始まってセキュリティの強化に至るまで，あらゆるレベルで環境管理型の秩序維持が台頭している」（東・大澤，2003：55）。世界中の食文化がマクドナルド的な味に支配され，世界中の映画文化がハリウッド的な映画趣味によって支配されつつあります。また最近の犯罪において犯人逮捕の有力な手掛かりが，多くの場合，監視カメラに映った映像から得られることを思う時，気づかないうちに，私たちが四六時中，監視されていることに気づかされます。つまり私たちは，自由で何でも自分でできるようでいて，実際はさまざまに規制，監視され，標準化されているのです。その中で真に自由であり，自治自立の人生行路を歩むことは容易ではありません。ここにライフデザインに関わる特別な教育が必要になる第二の理由があります。

最後に第三の理由として，若者の発達モデルの変容について考えてみましょう。近代以降，子ども期と成人期の間に青年期が存在すると考えられるようになりました。青年期から成人期への移行は，職業と結びつきつつ，すべての若者に共通に見られるとされました。

しかし最近では，このような青年期の考え方が変わりつつあります。久木元は2つの例を紹介しています（久木元，2009）。1つは青年期と成人期の間にポスト青年期があるという考え方が出てきたことです。これは宮本みち子に代表される研究です（宮本，2004）。従来の青年期が学校教育と結びついたモラトリアムの時期なのに対して，ポスト青年期は教育・訓練，余暇，

離転職，パートナーシップと結びつき，また親に依存しつつ，それらが行われる時期です（久木元，2009：209）。

　久木元が紹介するもう１つの例は，さらにラディカルです。それは近年のヨーロッパに見られるものだそうです。一時代まえの青年期から成人期への移行は直線的であり，また標準的パタンがありました。しかし次第に青年期と成人期の中間的な時期が現れるようになり，成人期への移行も脱標準化，多様化していきます。さらに進むと，青年期から成人期への移行は一方向的ではなく，移行のパタンも断片化——たとえば，ある部分では青年期，他の部分では成人期——し，移行の目的地である大人像自体が不明確になっていきます。

　こうなると自分の人生行路を築くための標準的パタンがなくなり，また向かうべき「大人像」もぼやけてしまいます。一人ひとりが自分独自の人生行路を理知的に築かなければならなくなります。これもまたライフデザインの学習の必要性を示唆します。

　これまでライフデザインの学習を必要とする３つの理由を見てきました。繰り返すと，学校と社会の関係の捉え直し，リスク社会の到来，発達モデルの変容です。女性のライフデザインに焦点を当てるなら，さらに４番目の理由を加えることができるでしょう。

　まず女性の人生行路は男性のそれより複雑です。男性の場合，〈教育期—就労期—引退—余生期〉という人生のパタンが，それなりにあります。現代の女性の多くも就職しますが，一般職と総合職という選択肢があり，また「家事手伝い」という進路も残っています。その後，結婚，出産，育児，休職・復職・退職，離婚，子育て，子別れ，介護などの各ライフ・ステージにおいて，選択を迫られる機会が多くあります。

　また男性と女性の人生行路の間には格差があります。一例として世界経済フォーラムが毎年発表している男女平等指数報告（The Gender Gap Report）を見てみましょう。このリポートでは，経済活動への参加と機会（給与，参加レベル，専門職での雇用），教育（初等教育や，高等・専門教育への就学），健康と生存（寿命と男女比），政治への関与（意思決定機関への参画）の４つの指数から，世界各国の男女平等指数を測定しています。その結果，2013年の日本の指数は 0.6498（当然，１に近いほど男女平等です），調査対象 136 ヵ国中，実に 105 位です。日本では特に，経済活動への参加と機会および政治への関与において，男女間の格差があります。教育，健康と生存面では男女格差が比較的小さいのに，経済活動への参加と機会，政治への関与の点で，格差が大きい理由は何なのか，どうしたら改善できるかは，まだ明らかではありません。それどころか日本の男女平等指数の順位は次第に低下しつつあります（2011 年 98 位，2012 年 101 位）。男女共同参画社会が唱えられる昨今でも，現状は以上の通りです。女性のキャリア教育充実が求められる所以です。

　これまでライフデザインの学習が必要とされる理由を４つの点から述べてきました。次にライフデザインの学習を，２つの観点から教育の営み全体の中に位置づけてみたいと思います。

　１つ目は教養教育，職業教育とライフデザインの学習の関係です。職業教育とは特定の職業のために必要な知識，技術，態度の習得を目的とする教育です。職業教育と対をなすのが教養教育です。従来，職業教育と教養教育は対立的に捉えられてきました。しかし私は両者を相互補完的なものだと理解しています（加賀，2012a）。２つの関係について，ここではデューイ（1975）の見解を参考にします。デューイは職業教育を製造業や商業の附属物や，現在の産業的な社会秩序を永続的なものにするための方法とは見なしません。むしろ職業教育は，学校生活をいっそう活発にし，直接的な意味をいっそう豊かにし，学校外の経験といっそう結びついたものにするために，産業的な諸要素を利用する活動です。いっぽう教養教育はディレッタントや博学を育てる教育ではありません。むしろ教養教育は，社会で求められている技術的，専門

的分野が「人間味のある方向性」を獲得するための活動です。職業的，専門的な教育と活動が，人生・社会・世界においてどんな意味や価値をもつのか考えるための教育が教養教育です。カント風に言えば，職業教育の欠けた教養教育は空虚であり，教養教育の欠けた職業教育は盲目である，となるでしょう。

　それではライフデザインの学習は，教養教育や職業教育とどのように関係するのでしょうか。ここでもデューイを参考にしましょう。デューイはキャリアの反対は余暇や教養ではなく，「本人自身にとっては，目標がないこと，気まぐれであること，経験に蓄積的な成果がないことであり，社会にとっては，無用な見栄や，他者への寄生的依存である」（デューイ，1975［下］：171）と述べます。この文章をライフデザインの学習の解釈に引き付けると，次のようになります。ライフデザインの学習は，教養教育，職業教育と並ぶ第三の教育領域というよりも，教養教育と職業教育が，お互いに補い合いながら，自分の人生と社会の有意義な発展に寄与できるようにする教育的営みです。

　2つ目はライフデザインの学習を実りあるものにするために，特に育てる必要がある能力は何かという点です。私は松下佳代（2010）とともに，批判的リテラシーが大切だと言いたいと思います。松下は，現在のようなポスト近代型能力主義期においては，エンプロイアビリティ（employability）とコンピテンシー（competency）という能力が求められる，と言います。エンプロイアビリティとは，企業の内と外でフレキシブルに雇用され続けることを可能にする能力を意味します。コンピテンシーとは「特定の職務を遂行し，高い水準の業績を挙げることができる個人の特性」を意味します。

　現在のライフデザインの学習は，エンプロイアビリティとコンピテンシーを育てることに努めています。しかし松下は，これらには2つのものが欠けていると言います。1つは大学生が帰属することになる社会には，企業社会の他，市民社会，地域社会，家庭なども含まれるのに，企業社会における有為な人材育成に焦点が当てられ，それ以外の社会が十分に扱われていないということです。もう1つは，現状の企業社会への適応だけが念頭に置かれ，批判意識を養うことが軽視されているということです。そこで松下は批判的リテラシーが大切だと指摘します。

　「批判」とは「社会や制度から技術がさまざまなかたちで押しつけてくる意味から少し距離をとり，それを相対化し，自由になる。また，少しは自分自身で意味をつくりだす創造的契機を見つけだす」（松下，2010：157；石田，2003：vi）ことです。「リテラシー（literacy）」は本来「読み書き能力」のことですが，近年は，もう少し広い意味で理解されています。ここでは，文化，情報などの各分野に関わるうえでの不可欠の基礎的知識，能力，態度という意味と捉えておきましょう。すると批判的リテラシーは，人生の各ライフ・ステージにおいて，社会の中で一定の役割を果たしながら，その中に埋没してしまわずに，時にはそこから距離をとり，相対化し，自由になって，自分らしい生き方，人生や社会の意味を創造する素養と能力のことを意味します。

　大学におけるライフデザインの学習においては，エンプロイアビリティとかコンピテンシーと並んで，いやそれ以上に批判的リテラシーを育てることが大切です。その詳細は，本書の全体で展開されるでしょう。

目　次

巻頭言　大学でライフデザインを学ぶ　*i*

Orientation　人生をデザインする ———————————— *1*

0-1　人生の意匠（デザイン）　*1*
0-2　人生に関わる3つの次元からのアプローチ　*2*
0-3　ライフデザインを共に学び合う　*6*
Activity 1　逆境をチャンスに　*4*
Activity 2　ブロックの塔　*8*
Column 1　大学でのライフデザイン講義　*9*
Column 2　高齢者の生きがい創造のライフデザイン　*10*
Column 3　ライフデザインの学習ツール：ワンダフル・キューブ　*11*

Chapter 1　ライフデザインの学びの目標設定 ———————— *13*

1-1　ライフデザインの生涯発達：経験を通して高まる4つの力　*13*
1-2　幸福へのライフデザイン　*17*
Activity 3　ライフデザインの力　*15*
Activity 4　学びの目標設定　*19*
Column 4　ワンダフル・エイジング　*18*
Column 5　アクションを起こす行動の書き方　*21*

Chapter 2　自己との対話 ———————————————— *23*

2-1　ライフデザインの過程　*23*
2-2　自分の強みを知る・伝える　*24*
2-3　目標と価値　*32*
Activity 5　「強み」のインタビュー　*24*
Activity 6　過去の体験から「強み」を探す　*26*
Activity 7　「強み」の自己紹介　*29*
Activity 8　「目標」に気づく　*33*
Activity 9　価値の番付け　*37*
Column 6　目標追求のアクションを妨げる考え方　*35*
Column 7　グループの関係を築く「問いかけ」のスキル　*39*

Chapter 3　ライフ・キャリアと社会との関係 —— 41

3-1　ライフ・キャリアと社会との関係　*41*

3-2　労働市場におけるジェンダー格差　*44*

3-3　ジェンダー平等をめぐる社会政策：女性の活躍推進策と社会保障　*50*

3-4　女性によるリーダーシップ：リーダーシップを身近なものに　*57*

Activity 10-A　労働市場におけるジェンダー格差を考える：本節を読む前に　*42*

Activity 10-B　労働市場におけるジェンダー格差をふまえてライフコースを考える　*48*

Activity 11　ジェンダー平等をめぐる社会政策を理解する　*55*

Activity 12　リーダーシップ体験を振り返る　*61*

Activity 13　リーダーシップ発揮のミニ演習　*63*

Column 8　先輩からのアドバイス　*47*

Column 9　男女平等をめぐる法整備　*54*

Column 10　リーダーシップ理論の変遷と応用実践　*65*

Chapter 4　自己を越えた次元へのいざない —— 67

4-1　働くことの意味を探る　*68*

4-2　生きることの意味を探る　*76*

4-3　呼びかける声に応える　*81*

Activity 14　仕事をめぐる価値観　*73*

Activity 15　今日の社会の中で人間らしく生きるには　*73*

Activity 16　マタイによる福音書 20：1-15「ぶどう園の労働者」のたとえ　*77*

Activity 17　こころに語りかける声に耳を傾けよう　*85*

Activity 18　仲間と助け合いながら考えよう　*86*

Column 11　プロテスタント宗教改革と職業観念　*80*

Column 12　苦しみの中で神の導きに出会う：井深八重の決断　*88*

Chapter 5　価値ある目的を追求する —— 89

5-1　目標設定　*89*

5-2　行動を起こす　*98*

5-3　目標遂行過程の見直し　*99*

5-4　ライフデザインのまとめ　*102*

Activity 19　目標を選択する　*91*

Activity 20　目標の中に意味を見出す　*94*

Activity 21　強みを活かす・リスクに備える　*96*
Activity 22　行動を起こして振り返る・計画を修正する　*99*
Activity 23　感謝の手紙　*103*
Column 13　タイプ別のアクションプランの見直し　*101*

参考文献　*104*
事項索引　*109*
人名索引　*110*

Orientation　人生をデザインする

0-1　人生の意匠(デザイン)

①「人生をよくできる」ことへの信頼

　人は，誰もが自分の生き方を自ら決めてデザインする，人生の創り手です。「どんな生き方がしたいか」「幸せな人生とは」といったことは，普段はあまり意識せずに生活していることが多いでしょう。しかし，就職や結婚などの大きな転機には，ふと立ち止まり人生に向き合い，さまざまな判断をして生き方を選択します。また小さな日々の変化であっても，その都度私たちは決断を繰り返し，よりよいと感じられる方向を選択しながら，人生の軌跡を描いていきます。

　長い一生には予想外の出来事が起こります。また，現代のように変化の激しい時代には，幸福につながる着実なレールはなく，何が幸福かという価値観も多様化しています。こうした現代社会の中で，100年近くに及ぶ長い人生を最期の瞬間まで希望をもって生きるには，心の中に「人生は自分の力でよりよくできる」という絶対的な信頼感をもつことが必要です。

　この絶対的な信頼の感覚は誰にも潜在し，「よく生きよう」とする体験を何度も繰り返すことで確信へと変わっていきます。自分の「人生をよくできる」確信は，自分とつながる他の人の「人生をよくできる」確信でもあり，さらに自分が属する社会の幸福にもつながる世界全体を「よくする」社会の幸福実現への信頼とも重なります。年齢は違っても同じ時代を生きる私たちは，「よく生きる」目的を共有する仲間です。「よく生きよう」とする人と人とが，信頼をもって互いの生き方を支え合うかかわりが，社会全体の希望につながるといえます。

　このテキストは，「人生は自分の力でよりよくできる」という信頼の感覚を，経験を通して確信してもらえることを意図しています。テキストを用いて，他の人と協力しながら「人生をよくする」過程を経験してみてください。「よく生きる」目的に向かう中で広がる未知の世界への驚きや，新しい自分に出会う喜びがそこにあるはずです。

　テキストの内容は，自己の視点・社会的視点・超越的視点という3つの視点から多面的に人生にアプローチして，ライフデザインの過程を理解できるように構成されています。また，ライフデザインの過程を体験するアクティビティが，テーマごとに示されています。アクティビティに実際に取り組み，その体験を学習者同士で共有して学びを深めてください。

②人生をデザインするライフデザイン

　「ライフ」は，人生，生命，生活など「生きる」ことすべてを含む幅広い概念です。「ライフデザイン」という時と類似の言葉に「キャリアデザイン」という言葉があります。キャリアは元来，仕事や職業に関連した進路，経歴，就労に関わる時間的経過を表す言葉として用いられていました。狭い意味では，職務の経験や実績といった「ワークキャリア（work career）」を意味しますが，就労への意欲や希望の就職先，働き方，仕事を通じた生き方を含む「ライフキャリア（life career）」にまで概念を広げて用いられることもあります。キャリアの意味に生き方が

含まれるようになったきっかけの1つは，アメリカの心理学者であるスーパー（D. E. Super）が示したキャリアの考え方です。スーパーは，社会との関わりを保ちながら自分らしい生き方を実現していくなかで，キャリア発達が進むとしました。社会との関わりを保つとは，社会の中で自分に期待される複数の役割を，自分にとっての意味や重要性に応じて果たしていくことです。ここでは，個人の生き方において，特に社会との関わりに強く焦点が当てられます。そのため，キャリアを支援するキャリア・カウンセリングは，個人の人生上の役割と責任の明確化と具現化を目的とすると定義づけられています（NCDA：National Career Development Association）。一方ライフデザインは，個人を基点としながらも，社会や環境との関わりを通して自己実現をめざし，個という境界を越えた次元で人生の意味を探る，より包括的な視点からの人生への関わりに関心を寄せる点に特徴があります。

　ライフデザインは，未知の未来にぼんやりとでも方向性を定めてその方向に進もうとする，クリエイティブな作業です。本書では日本語で物事をよりよくするために工夫をこらすことを意味する「意匠」に「デザイン」という言葉を重ね，意味ある人生を創造する過程をライフデザインとよびます。

0-2　人生に関わる3つの次元からのアプローチ

①ライフデザインと生涯発達

　自分らしく生きようとする時，おそらく誰もが自分とは何か，自分はどういう人間なのかを考えることでしょう。ただ自分を知るのに一人では答えを見つけにくいものです。自分らしさを知る自己認識は，人との関わりや，自分の行動に伴う結果への他の人の評価を通して形作られます。こうした社会との関わりを通して自分を知ることを「鏡に映る自我」（looking-glass self）といい，自己認識は鏡である社会に映った自分をイメージした時の感情を含む自己評価から形成されます（Cooley, 1902）。また社会全体には，成員である個人の志向や状態が反映されるため，私たちの生き方には個人・社会・それらを取り巻く環境がそれぞれに関連を及ぼしあっています。

　人は生物学的な特性をもって生まれ，生活する環境も個々に異なります。生涯発達を提起したバルテス（P. B. Baltes）らは，人の生涯が社会文化的，歴史的文脈のもとにあり，それらから要求される基準が人々の生活や行動に影響して発達を特徴づけているとしました。人生は，個人を取り巻く集団・社会の要因と，年齢・世代・時代の時間的要因とが複雑に絡み合うダイナミズムだとされます。ライフデザインにおける個人の幸せの追求では，個人のためだけでなく，自分が属する集団・組織の豊かさの実現に個人としてどのように関わるのかも問われます。

②自己の視点・社会的視点・超越的視点

　このテキストでは，自己との対話により自己理解を深める「自己の次元」，社会との関わりを通して自己を探求する「社会的次元」，自己や社会という境を越えた宇宙的な次元から生き方を捉える「超越的次元」の3次元からライフデザインにアプローチします。

　人生上に起こるさまざまな変化は，私たちにその都度柔軟な対処を求めます。たとえば雨が降れば傘をさすというように，普段はあまり変化を意識せずに自動的に処理していることが多いのですが，目の前の事態を受け入れにくい時や，葛藤した状態に陥ると，どうすればいいのかと立ち止まり問題の解決に意識が向けられます。大学生であれば，学力を上げるのに苦労したり，就職活動が思い通りに進まないこともあるかもしれません。変化への対応が難しい危機に直面

すると，うまく対処できない自分を責めて否定しがちです。自己否定は，理想自己と現実自己との違いの意識から生じるため，実は未来の理想に向かう第一ステップでもあるのです。ただ，その時に自分のことだけを見つめて自己否定にとらわれたままでいると，人生に絶望する悲しみの毎日です。自己否定で悶々としながらも，どうしてうまくいかないのだろう，どうすればこの問題を解決できのだろうと思いを巡らせるなかで，自分と状況とを少し離れて見る視点が生まれます。自分を中心に見ている時は分かりにくいことも，自己を越えた視点から全体を見てみると，自分や状況の理解が進み，将来の見通しが広がります。

　自己を越えるというと難しく聞こえるかもしれません。しかし，私たちは幼少期から遊びの中で，自己の超越を何度も繰り返しています。子どもの頃には身体発達の未熟さのために日常の中で思い通りにできずに自己否定の危機に直面することがあります。しかし子どもは厳しい現実とは別に，おもちゃを使って遊びながら自分の思い通りの世界を新しく創り出してそれを現実にしようとします。たとえ遊びであっても，自分の意思でおもちゃを操って理想の世界を創り出せた喜びは，危機で受けた自己否定の傷を癒して幸福感を高めます。遊びは「あるモデルを創ることによって経験を処理し，また実験し計画することによって現実を支配する，人間の能力の幼児的表現形式」と説明されます（エリクソン，1995：284）。この遊びの過程は，ライフデザインの過程とも共通しています。遊びのステージを人生に置き換えた大人の能力の表現形式がライフデザインだといえます。限界を超えて新しい世界を創り出す，ライフデザインの過程を通して私たちは生涯発達し続けます。

③人生の意味を知る超越的視点

　自己超越の傾向は，人生についての豊富な知識と深い洞察により高まります。そのため，高齢の人や，生や死を意識するような体験をした人に超越性が高いと言われます。アップル社の創業者であるジョブズ（S. Jobs）の『もし今日が人生最後の日だとしたら，今やろうとしていることは 本当に自分のやりたいことだろうか？』というスピーチは有名です。実際に自身の死と向き合いながら晩年を過ごした彼の言葉からは，日々の生活において本当に大切なことは何かを考えることが絶望を越える大切な手段だということが伝わります。病気や老い，死という避けられない限界に対して，「何のために」という意味の探究は日々の生活に方向性を与え，喪失や達成不可能へのコントロールの方策を提供します。人生の意味は，その意味を見出そうとする毎日からもたらされます。

超越的次元	「生きる」ことそのものを捉える全体的な視点。ライフデザインの基盤となる信念の獲得や・人生の意味を探り転機への柔軟な対応力を養う。
社会的次元	社会と個人との関わりを通して，自らの生き方を考える視点。社会のニーズと自己の意思とを調整する能力やリーダーシップを社会との関わりを通して養う。
自己の次元	自己との対話による自己探求の視点。自己の理解（個別の価値への気づき，人生目標の選択と意思決定）により，自律性と価値への意思，信頼に基づく希望の力を養う。

図 0-1　ライフデザイン学習の3つの視点

Activity 1 逆境をチャンスに

Goal

> 人生を自分でデザインするという主体的な関わりを体験します。過去の出来事は変えることができません。しかし，今の生き方次第で過去の出来事の見方や意味は変わります。思う通りに行かない時こそ，人生の軌道修正をするチャンスです。
> ライフデザインに必要な要素は何かを明らかにすることが，アクティビティの目的です。

Time

> 90分〜（説明10分・実践50分・リフレクション30分〜）

Procedure

> 1. 4〜6人程度のグループに分かれる
> 2. 1人2枚付箋紙を配布。1枚には「強み：私自身のもつ強み」を，もう1枚には「強み：目標追求の助けとなる資源や道具」を1つずつ記入。用意した箱に全員分をまとめて入れる。(5分)
> 3. 架空の大学生を主人公にして，最悪の大学生活のストーリーを考える。ストーリーの始まりは大学に入学する時点からとする。その際に，自分の抱えている問題を主人公に重ねないことに留意する。あくまでも架空の人物として，ドラマチックに誇張した設定にする。考えたストーリーを約5場面の展開で簡単に模造紙に書き出す。(15分)
> 4. ストーリーのタイトルを考えて，模造紙の一番上の行に記入。(5分)
> 5. タイトルが書かれた欄を切り取る。ストーリー展開の部分は他のグループに見せずに破棄する。
> 6. 他のグループのタイトルから1つを選び，自分たちのグループの新しい模造紙に貼付する。
> 7. 貼付したタイトルから想像した主人公像を，グループで考える。
>   主人公の大学生活における目標を下の中から1つ選ぶ。
>
>   ［大学生活でめざすこと］
>   　1. 専門的な知識・技術を身につける
>   　2. 交友関係を広げる
>   　3. 将来の仕事に役立つ経験をする
>   　4. 資格や免許を取得する
>   　5. 人格的に成長する
>   　6. 自由な時間を過ごす
>   　7. 親しく交流できる人と出会う
>   　8. 自分に合う進路を見つける
>
> 8. Procedureの2で集めた付箋紙を，内容を見ずにグループごとに2枚選ぶ。
> 9. 主人公が「強み」を活用して，「大学生活でめざすこと」に向けて，最高の大学生活を送るストーリーをグループで考え，その展開を約5場面の展開で模造紙に記入する。(15分)

Tool

- 模造紙　　　3枚×グループ数（ストーリー記入2枚・Reflection1枚）
- 水性マジック 4〜5本×グループ数
- 付箋紙　　　2枚×参加者数
- はさみ　　　1本×グループ数
- のり　　　　1個×グループ数
- 箱　　　　　1個　（付箋紙回収用）

Reflection

1. Procedure 9 のストーリーをグループごとに発表する。
2. 「最悪の人生のタイトルを見た時にどう思ったか」「最悪の人生は変えることができたか」「変えられた理由・変えられなかった理由」について意見を出し，模造紙等に書き出す。
3. グループの発表者が整理した意見を発表し，全体でリフレクションを共有する。

Comment Paper

●最悪の人生を変えることができた（できなかった）理由

0-3　ライフデザインを共に学び合う

①マインドフルネスな学び方

　人生に求めるものは一人ひとりに違い，生き方も人さまざまです。ライフデザインの学びには，あらかじめ決められた答えはありません。ライフデザインは，教えられるのではなく，経験とその経験の内省を通して気づく学びにより進みます。

　ここでいう経験の定義に一定のものはありませんが，教育哲学者のデューイ（J. Dewey）は，経験を個体が環境に能動的に働きかけることであるとし，経験には能動的側面とその過程を通して経験された受動的側面があることを示しました。

　すなわち経験は，たとえば氷水に手を入れるという能動的な行動と，その動作の結果として受ける「冷たい」という感覚との結びつきで成り立ちます（Dewey, 1980）。経験のこれら2つの側面に注意を払い，行動の主体である自己が，現実に起きていることと，受動的に経験する感情や思考・身体感覚とを切り離して受け止めることを「マインドフルネス」と呼びます。マインドフルネスという言葉は，もともと仏教の瞑想の「気づき」という意味で用いられていました。日常生活の中で，たとえば食べるという行動とその反応である味覚にじっくりと五感のすべてを集中させて食事をしている人は少ないでしょう。むしろ目の前の食べ物とは無関係のことが頭に浮かんでいたり，一緒に食事をしている人との会話に気を取られていたりして，味覚そのものには意識を集中させにくいものです。あわただしく，さまざまな刺激にあふれた現代の生活の中で，今この一瞬一瞬に立ち止まり自分の行為とその結果に注意を向けるのは効率的ではないですし難しいと言えます。こうしたマインドフルな気づきは，自分の感情や思考に巻き込まれずに経験を客観的に見つめることであり，その結果ネガティブな状況でも回避することなく，そこからうまく距離をおいて冷静に対処することを可能にします。マインドフルネスの気づきの重要性が認識されるようになったのは最近で，心理療法の技法としてマインドフルネスが確立し用いられ始めたのは1990年以降になってからです。

　マインドフルネスは，「今この瞬間に，判断することなく，意図的に，注意を向けること」と定義されます（Kabat-Zinn, 1990）。マインドフルネスの重要な要素は，経験の振り返りを意識化する「内省（リフレクション）」と「対話」です。内省は，聴き手の存在と聴き手との「対話」により深まります。誰かに話すためには，他者の視点を通して改めて自分の考えたことや感じたことを振り返り，それを聴き手に伝わりやすく整理して言葉で表します。言葉として表出された経験の語りは，自らの経験を客観視するだけでなく，話の聴き手から得られる反応を通して新たな気づきを促します。働く意味や人生の意味を見つけるには，経験に加えて内省と対話が必要です（中原・金井, 2009）。

②協調的な学び

　学習者が個々に異なる経験を通して得た気づきを寄せ合い，それを統合して多様な場面で応用可能な知識へと発展させる学習スタイルを「協調学習（collaborative learning）」といいます。学ぶことと人生には共通点が多く，人生は学びの連続だともいえます。他者が生き方を模索する姿や行動を起こす姿を見て，知識を得たり理解を深めたりするのは，学習者同士が同じ目的をもって学び合うライフデザインの協調学習の特長です。また，ライフデザインの協調学習における自分の生き方への他者からの肯定的な関心は，より生きようとする個人の意志を高めます。さらに協調学習での他者からの反応を通して，自己の認知（知覚・思考・記憶など）をモニタリング（評価と調整）する「メタ認知」が働きやすくなります。複数の学習者で同じ課題

に取り組めば，より多面的なモニタリングが可能となり目標遂行が効率的になります。

　ライフデザインでは，単に人生目標をもつだけでなく，目標を意識して現在の行動をコントロールし，それがうまくいっているかをモニタリングするメタ認知が重要な役割を果たします。人生においても，周囲の人と対話を通して「共同的メタ認知」を働かせながら共に人生の目標を追求する，協調的な関わりが重要であることが分かります。

　下図の伝統的な学習スタイルは，講座や教室で講師の先生に知識や技術を教えてもらう，旧来の受け身のスタイルです。このスタイルは，知識や技能を系統的に効率よく修得し，個々人の知識やスキルを高めるのに適しています。参加型の学習スタイルは，ワークショップや地域の講座，趣味のサークル等で，個人および同世代や同趣味の人が集まり，自分たちで何かをやってみたり作ってみたりして学ぶスタイルです。学習内容の理解が参加により深まり，楽しさが得られやすい特徴があります。協調型学習スタイルでは，学習者間の関わりがより深く学習に関係します。学びを自己満足で終わらせるのではなく，誰かのために作ったり，誰かに見てもらうことを前提とした活動による学びのスタイルです。世代や価値観の違う人が交わり，新しいものを生み出していく活動で学びが促されます。

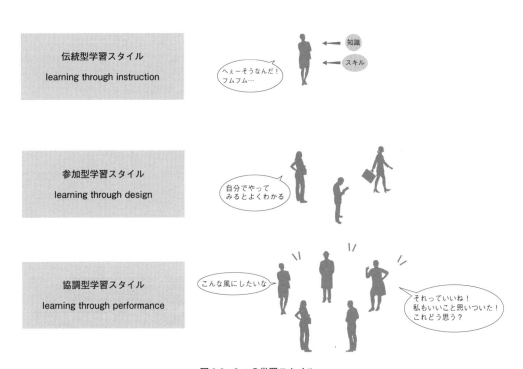

図0-2　3つの学習スタイル

Activity 2　ブロックの塔

Goal

> 複数のメンバーで一定の時間内に，限られた資源を用いて目標を達成するアクティビティです。チームでの目標追求におけるメンバー間の関係性と，課題達成のプロセス，成果のそれぞれの関連を明らかにすることが，アクティビティの目的です。

Time

> 40分〜（説明10分・実践11分・リフレクション20分から）

Procedure

> 1. 4〜6人程度のグループに分かれる。
> 2. おもちゃのブロックをグループメンバーで協力して，2分以内でできるだけ高くブロックを積み上げる（3分）。
> 3. 作戦タイム（5分）をとり，チームで方略を練る。
> 4. 1回目に作った塔を解体する。
> 5. 再度チームで協力して，3分以内にできるだけ高くブロックを積み上げる。

Tool

> ● ブロック（子ども向けの1センチ四方程度のカラフルなブロック）約50個×グループ数
> ● 模造紙・付箋紙
> ● メジャー（完成した塔の高さを計測する）

Reflection

> 1. 付箋紙を複数枚，もしくはグループに1枚模造紙を配布。
> 2. 「①1回目にグループの作戦は立てたか」「②グループとして行動できたか」「③成功の理由・失敗の理由」について意見を出し，付箋紙1枚に1つの意見，もしくは模造紙に意見を書き出してください。
> 3. 付箋紙を貼り出して同様の意見を1ヵ所にまとめる，もしくは模造紙に書き出した意見を見比べて，カテゴリーを作る。
> 4. グループの発表者が整理した意見を発表し，全体でリフレクションを共有する。

Column 1　大学でのライフデザイン講義

　ライフデザインを大学の講義で学習する事例を紹介します。ライフデザインの授業には2つのクラスがあり，1つ目は初めてライフデザインを学ぶ人が履修する「基礎クラス」です。2つ目は，基礎クラスの単位を修得した学生が履修できる「上級クラス」で，基礎クラスと同じ時間に同じ教室で学びます。上級クラスの履修生は，基礎クラスの履修生の学びをサポートする役割を担います。上級クラスの履修生は受講前の事前研修を受けて学習環境を整えるスキルを高めます。授業全体の進行，アクティビティの説明・進行・リフレクションのファシリテーション，基礎クラスの履修生が記入したリフレクションシートへのコメント記入等の役割を，上級クラスが担います。半年間の学期内に毎週90分を15回，上級クラスの学生は授業後に15分間のリフレクションの時間があります。履修者数は，基礎クラスの学生が40〜60人に対して，上級クラスの学生は6〜10人で，基礎クラスの履修生は対話の際に5〜8人のグループに分かれ，各グループには上級クラスの履修生が加わります。

　講義の内容は，「自己」「社会」「超越性」の次元に関する知識の解説と，アクティビティ，リフレクションで構成され，毎回ホームワークが課されます。履修直前，履修最終日，履修後1年の3回にわたり，同じ質問紙を実施して，履修効果を履修生が確認します。また履修の成績は，履修前に設定した個別の目標への到達度の自己評価や授業の参加度，提出物などから総合的に判定します。上級クラスの学生は，履修前の個別の目標に対する履修後の達成度の自己評価の採点，毎回の授業の目標達成率の自己評価に，教員からの評価を加点し最終成績とします。

表0-1　大学でのライフデザインの講義内容

		授業内容	Activity／Discussion
1	オリエンテーション	ライフデザインとは 学びの目標設定 メンバー紹介	《Activity 3　ライフデザインの力》 《Activity 4　学びの目標設定》
2	自己の次元	自分の強みを知る・伝える	《Activity 5　「強み」のインタビュー》（Homework） 《Activity 6　過去の経験から「強み」を探す》
3	自己の次元	目標と価値1	《Activity 7　「強み」の自己紹介》 《Activity 8　「目標」に気づく》（Homework）
4	自己の次元	目標と価値2	《Activity 9　価値の番付け》
4'	社会的次元	ライフ・キャリアと 社会との関係1	《Activity 10-A　労働市場におけるジェンダー格差を考える》 《Activity 10-B　労働市場におけるジェンダー格差をふまえてライフコースを考える》 《Activity 11　ジェンダー平等をめぐる社会政策を理解する》
5	社会的次元	ライフ・キャリアと 社会との関係2	《Activity 12　リーダーシップ体験を振り返る》 《Activity 13　リーダーシップ発揮のミニ演習》
6	超越的次元	働くことの意味を探る	《Activity 14　仕事をめぐる価値観》 《Activity 15　今日の社会の中で人間らしく生きるには》
8	超越的次元	生きることの意味を探る	《Activity 16　マタイによる福音書20：1-15「ぶどう園の労働者」のたとえ》
9	超越的次元	呼びかける声に応える	《Activity 17　こころに語りかける声に耳を傾けよう》 《Activity 18　仲間と助け合いながら考えよう》
10	自己・社会的次元	目標設定1	《Activity 19　目標を選択する》 《Activity 20　目標の中に意味を見出す》
11	自己・社会的次元	目標設定2	《Activity 21　強みを活かす・リスクに備える》
12	自己・社会的次元	目標達成に向けた リーダーシップと自己管理	《Activity 22　行動を起こして振り返る・計画を修正する》
13	自己・社会的次元	アクションの内省と 再プランニング	《Activity 22　行動を起こして振り返る・計画を修正する》
14	全体のリフレクション	目標遂行過程の見直し	《Activity 23　感謝の手紙》（Homework）
15	総括	ライフデザインの まとめ	《Column3　ワンダフル・キューブ》完成

Column 2　高齢者の生きがい創造のライフデザイン

　ライフデザインの学びを，地域の高齢者の生きがい創造に適用した事例を紹介します。この取り組みは，自治体との連携での介護予防事業の一環として実施されており，主に65歳以上の地域在住高齢者が参加しています（Kusaka et al., 2014）。

　参加者の募集は，市の広報紙やポスター，保健師からの呼びかけ，市民講座などで行います。心理専門職1名と訓練を受けた心理専門職もしくは大学院生が，教室全体の進行，アクティビティの説明・進行・リフレクションのファシリテーターの役割を果たします。プログラムは，ほぼ毎週120分（途中休憩あり）を10回と，半年後にフォローアップとして120分のセッションが1回あります。受講者は8〜12人のグループに分かれます。

　「自己」「社会」「超越性」の3次元からのアプローチは大学生と同様ですが，参加者は人生経験が豊富な高齢者であり，ライフデザインに関する社会的な知識の幅や，人生への洞察が深いことから，参加者間の対話をより重視して多次元の視点への気づきを深める形式でプログラムを進めます。セッションごとにホームワークが課されます。参加直前，参加最終日，参加後6ヵ月，参加後1年の4回にわたり，主観的well-beingに関する質問紙と認知機能検査を実施して，参加効果を参加者が自ら確認します。プログラムの効果は，健康もしくはうつ症状が比較的軽度から健康な高齢者に高いことが確認されています（Kusaka & Tokutsu, 2012；Kusaka, 2013）。また，スタッフとして参加する大学生におけるwell-beingの改善が明らかにされています（日下，2012）。現在では，高齢受刑者の社会再参加プログラム（日下ら，2015）や，定年退職に向けたライフデザイン学習にも活用されています。

表 0-2　高齢者の生きがい創造プログラムの内容

セッション	内　容	Activity
1	オリエンテーション メンバー紹介	《Activity 3　ライフデザインの力》（Homework） 《Activity 4　学びの目標設定》
2	自己探求：過去を振り返る【強みの発見1】	《Activity 5　強みのインタビュー》（Homework） 《Avtivity 6　過去の体験から「強み」を探す》
3	目標と価値1	《Avtivity 7　強みの自己紹介》 《Activity 8　目標に気づく》
4	目標と価値2	《Activity 9　価値の番付け》
5	目標設定	《Activity 19　目標を選択する》
6	目標の中に意味を見出す	《Activity 20　目標の中に意味を見出す》
7	目標設定・計画	《Activity 21　強みを活かす・リスクに備える》
8	アクションの内省と再プランニング	《Activity 22　行動を起こして振り返る・計画を修正する》
9	目標追求過程の見直し	《Activity 20　目標の中に意味を見出す》 《Activity 22　行動を起こして振り返る・計画を修正する》
10	ライフデザインのまとめ 自己評価	《Activity 23　感謝の手紙》（Homework）

Column 3　ライフデザインの学習ツール：ワンダフル・キューブ

　ワンダフル・キューブは多層構造の立体により，ライフデザインを五感を通じて理解するために開発された学習ツールです。このキューブには，生き方の核となる「価値」「大きな目標（願い）」「具体的な目標」の3層と，7枚のカードから構成されています。3つの層やカードに書く内容は，何度でも書き直せます。

図 0-3　ワンダフル・キューブ（思考補助具：特許第 5938070 号）

　ライフデザインの複数のアクティビティが1つのキューブに収まるこのキューブは，生き方を可視化して確認する道具です。完成したキューブを首から下げて歩いてください。他者から「それは何？」と聞かれたら，自分のライフデザインをその人に語ってください。人に伝えるとそれは体験になり，体験から得た気づきで，ライフデザインを修正することができます。

青 見守っていてほしい人へのメッセージ
目標に向けて取り組む自分を見守ってほしいと思う人への決意の手紙。その人への感謝から書き始める。カードを渡す，渡さないは自由。

赤 近い将来までのアクション・プラン
目標に近づくために，今日から近い将来までの具体的な TO DO リスト（いつまでに，何をする）。

緑 自己の強み
目標に近づくために活かされる，自分の強み。

橙 自己の強み（他の人からのコメント）
他の人が，あなたの強みと思うところを記入。

黄 支え・資源（人／道具）
目標追求の，支えとなってくれる人，場所，道具。

茶 予測される問題と対応
目標追求の課程で予測される問題と対策。

紫 未来の私へのメッセージ
未来のあなたに向けたメッセージ。

図 0-4　ワンダフル・キューブ（思考補助具：特許第 5938070 号）

Chapter 1　ライフデザインの学びの目標設定

1-1　ライフデザインの生涯発達：経験を通して高まる4つの力

①ライフデザイン発達の生きがい創造モデル

　人生を豊かにするライフデザインに重要なのは，変化に柔軟に対応し，あきらめずに目的を追求し続ける姿勢です。こうした姿勢は，「目的への意識」と，目的を自ら選び実現しようとする「意志」，そして目的は追求すれば実現できると信じる「希望」の3つの力が相互に関連して形成されます。目的に近づくアクションは，「意志」と「希望」の力を基盤に起こります。目的に向かってアクションを起こし試行錯誤する中で，思いがけない能力が発揮されたり，予想外の未来が開けたりします。その結果，「もっとよく，やろう」と思う「意志」や，「やればできる」という「希望」がさらに高まる循環で，ライフデザインの力が発達していきます。充実感や喜びなどの人生を豊かにする生きがいの実感は，目的に近づくプロセスにおいて得られることから，このライフデザインの発達過程を生きがい創造モデルと呼んでいます（図1-1）。

②目的をあきらめずに追求する「意志」と「自律」

　ライフデザインにおいて誰にも共通しているのが，よく生きるという「生きる目的（purpose in life）」の存在です。生きる目的というと大きすぎて，自分が何を目的に生きているかと聞かれても，すぐには答えにくいかもしれません。しかし，このテキストを手に取った人は，何らかの前向きな目的をもってライフデザインを学ぼうとしています。また，単純な日々のふるまいも，より快適な状態に近づくための選択の連続であり，よく生きようとする大きな目的に方向づけられています。

　生きる目的が明らかでなくても，目的に向かう小さな目標（goal）を1つひとつ実現してい

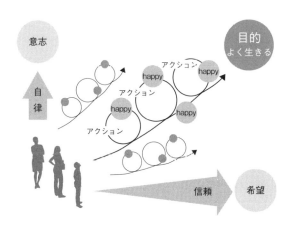

図1-1　全般的な生きる目的の追求と心理的発達：個別の目標追求と心理的発達

くことで，次第にその目標を何のために追求するのかを現す目的が見えてきます。ただし，目標を追っているうちにいつの間にか生きる目的が変わっていくのは，人生ではよくあることです。また，思い通りに目標が達成されないこともあります。その時にすぐにあきらめるのか，あきらめずに再挑戦するかの違いは，動機づけ（モチベーション）によって説明することができます。動機づけは，行動を起こし，目標追求の行動を維持・調整する機能の総称であり，動機づけるもの（動機），方向性，強さ，持続性を含みます。動機づけの中でも方向性と強さに関連する意志は，目標の自律的な選択で高まります。

　動機づけの概念として自己決定理論（Self-determination theory）を提唱したデシとライアン（E. L. Deci & F. Ryan）は，目標に向けた行動が自律的（autonomous）であるか，他者から統制された外からの動機づけにより起こるのかが重要であるとしました（デシ・ライアン，2010）。目標を自由に選び，自らすすんで行動を起こす時に，人は意欲をもってその活動に没頭します。そして自律的に動機づけられた行動は，高いパフォーマンスや優れた創造性を発揮させます。私たちは人生の中でしばしば状況に応じた行動を自己決定するか，他者からもしくは自分の中からの強い力に統制されるかという対立に向き合います。たとえば，年をとり体が思うように動かなくなった時に，多くの人は目標をもっても自分では実現できないと感じ，恥と自律との葛藤を経験します（エリクソン，1990）。しかしたとえ身体の自由が損なわれても，何を食べるか，誰に支援を求めるのか等の自分に関する事柄は自分で決めて自律的でいることはできます。一人で実現するのが難しい目標であっても，誰かと協力して工夫をすれば目標に近づくことができます。どんな状況においても自律的であることが，意欲を失わずに目的を追い続ける意志を高めます。

③目的へのアクションを起こす「希望」と「信頼」

　「きっと大丈夫，運命は悪い方向には進まない」という絶対的な信頼感を基に，人は安心して行動を起こします。心理社会的発達理論を説いたエリクソン（E. H. Erikson）は，希望は「運命の善意をいつまでも信じること」（エリクソン，1990：230）であり，信頼を通して希望の源が発達するとしました。人生のさまざまな出来事をきっかけにこれまでの自己や環境が大きく変わると，未来の明らかな展望を失ったり，自分に自信がもてなくなったりすることがあります。そうした信頼感のゆらぎからの回復が，行動を起こす意欲や，やればできるという効力感を高め，明るい展開を予測する希望につながります。

　信頼は「頼りになる支えと反応を環境が与えてくれる中で育まれる」（エリクソン，1990：230）とされます。信頼には，「やればできる」という自己の可能性に対する信頼だけでなく，「一緒ならできる」という他者からの協力を含んだ可能性への信頼も含まれます。自己や環境全体に向けられた信頼の感覚は，行動を起こした結果として「やればできた」経験の積み重ねから形成されます。自分が起こした行動による変化で環境をコントロールできた実感や，行動の結果への周囲からの肯定的なフィードバックは，自己への信頼とともに，自分に対して好意的に協力し反応してくれた環境への信頼の感覚も育みます。困難に直面しても「きっと道は開く」と信じる希望は，こうした個人と環境への信頼から形成されます。

Activity 3 ライフデザインの力

Goal

> このテキストでのライフデザインの学びのゴールは，人生を豊かにするライフデザインの力の向上です。まずは学習を始める前に，その力を測定してみましょう。そして，テキストでの学習を終えた後でもう一度測り，学習の効果を確かめてみて下さい。学びのゴールを意識して，学びの効果の向上を促します。

Time

> 30分（自己採点20分・リフレクション10分〜）

Procedure

> 次のページの「ライフデザイン力テスト」記入用シートに回答し，採点します。
>
> 【採点方法】
> 下の採点表に従い，合計点を記入します。
>
> | ライフデザイン力 | | 点数の算出 | 合計点 |
> |---|---|---|---|
> | 意 志 | | 1・2・3の合計 | 点 |
> | 希 望 | | 4・5・6の合計 | 点 |
> | 自 律 | 取入的自律 | 8・9・10の合計 | 点 |
> | | 統合的自律 | 11・12・13の合計 | 点 |
> | 信 頼 | 自己への信頼 | 14・15・16の合計 | 点 |
> | | 他者との信頼 | 17・18・19の合計 | 点 |
>
> 回答の点数換算：1-1点，2-2点，3-3点，4-4点
>
> | 意 志 | 目標を定めてそれを実現しようとする自発的な心の働き。 |
> |---|---|
> | 希 望 | 未来の人生への安定した前向きな展望。 |
> | 自 律 | 周囲からの支配や制約を受けずに，自らの行動は自分で方向性を定めて選択する，意志の源。
①取入的自律
②統合的自律 |
> | 信 頼 | 自分の能力や，頼りになる支えと反応を与えてくれる環境全体への信頼感。希望の源。
①自己への信頼 「やればできる」
②他者との信頼 「一緒ならできる」 |
>
> (Kusaka, N, Ueda, N., & Miyake, E., 2013)

【ライフデザイン力テスト】

次の質問にあてはまる番号に○をつけてください。

	まったくあてはまらない	あてはまらない	あてはまる	よくあてはまる
1 私は自分の人生の目標を探している	1	2	3	4
2 私はいつも,人生の意味を見つけたいと思っている	1	2	3	4
3 私は自分の人生の意味を見つけようとしている	1	2	3	4
4 今もこれからも,私はなんとかやっていける	1	2	3	4
5 悪いことは長く続かないと思う	1	2	3	4
6 世の中は,私にとって良い方向に向かっている	1	2	3	4

今あなたが,近い将来に実現したいと思っている目標や,こうありたいと思っている状態を記入して下さい。

7 私が今,具体的に「目標」として思い描いていることで最も強いのは

【自由記入欄】

上の7番であなたが書いた目標を,かなえたいと思う理由について,あてはまる番号を選んで下さい。

	まったくあてはまらない	あてはまらない	あてはまる	よくあてはまる
8 今の状況では,しなければならないようになっているから	1	2	3	4
9 周りの人から,良く思われたいから	1	2	3	4
10 周りの人よりも,劣るのが嫌だから	1	2	3	4
11 それをすること(そうあること)自体が,好きだから	1	2	3	4
12 そうすること(そうあること)自体が,私にとって重要なことだから	1	2	3	4
13 私の大切に思う価値と一致するから	1	2	3	4

上の7番であなたが書いた目標に近づく過程について,次の質問にあてはまる番号を選んで下さい。

	まったくあてはまらない	あてはまらない	あてはまる	よくあてはまる
14 自分の立てた計画を実行することができる	1	2	3	4
15 目標に近づく計画を具体的に考えることができる	1	2	3	4
16 目標に近づく中で,たとえ問題が生じても乗り越えることができる	1	2	3	4
17 目標を共有できる人とつながれば,私たちの可能性を広げることができる	1	2	3	4
18 一人よりも,複数の方が目標にうまく近づけると思う	1	2	3	4
19 目標に近づくために,他の人と協力して前向きに問題を解決することができる	1	2	3	4

Reflection

5〜6人のグループで,採点結果を見比べて,感想を話し合います。

1-2 幸福へのライフデザイン

①幸福とは

　幸福の定義はさまざまですが，幸せで満たされた気持ちや充足感などの良好な感情の体験や，現在の生活への満足感，過去への感謝，未来への希望などの包括的な人生に対する肯定的な姿勢であると捉えられます。幸福と同様の言葉に，主観的well-being（subjective well-being）があります（Diener, 1984）。主観的well-beingを構成する要素は大きく分けて，人生（生活）に対する評価と，喜びや充実感等の感情の2つがあげられます（Andrews & Robinson, 1991）。この幸福観の捉え方には文化差があるため，well-beingの概念をそのまま日本の人々に適応することは疑問視されています（大石, 2009）。欧米では，人生満足とともに充実・喜びといった肯定的感情と，落ち込みや悲しみなどの否定的な感情のないことをwell-beingとすることが多いのですが，日本では，楽しい，嬉しい，悲しいといった感情表現で幸せを表現することはありません。またたとえば，祝い事の時に英語では「ハッピー・バースディ」や「ハッピー・ニューイヤー」と幸福（ハッピー）になることを祈ります。一方日本では，「誕生日おめでとう」「迎春」というように，幸福になることよりもむしろ，めったにないめずらしい出来事だと認識した感謝を込めた言葉で祝います。東洋の文化での，幸福は努力してなるものではなく，あるがままを感謝する「今ここにある」意味を感じる気持ちが「幸せ」だと捉える傾向が，節目を祝う言葉に現れています。

②生きる目的と幸福との関係

　幸福は人生の意味につながる生きる目的を追求し，それに近づく実感により高められます（Lecci, et al., 1994）。幸福と生きる目的との関連を示す研究は数多く，目的の発見，選択，追求などの諸様相から幸福との関連が明らかにされています（Austin & Vancouver, 1996）。脳機能の側面からも，生きる目的を強く意識する人は，たとえ脳の病理的変化があったとしても認知機能の低下の進行が緩やかであることが確認されています（Boyle et al., 2012）。また認知症であっても，何を食べるか等で可能な限り自分で選択している高齢者は，そうでない人に比べて寿命が長いことを示す研究があります（Langer & Rodin, 1976）。これらの研究は，目的をもって自律的であれば，どんな状態でも意欲的でいられることと，生きる目的が健康と深く関係することを示しています。

　生きる目的は，個人と社会とが豊かなつながりを築く上でも欠かせません。人々の健康や幸福の実現に寄与する社会関係の捉え方としてソーシャル・キャピタルがあります。ソーシャル・キャピタルは信頼と規範に基づく社会や他者とのつながりであり，共通の目的を追求する社会組織を意味します。そこには，目的の共有が人と人，社会をつなぐ紐帯として存在しています。ソーシャル・キャピタルが豊かな地域では，教育，治安，経済，健康，幸福などの生活全般において好ましい効果をもたらすとされます（パットナム, 2001）。

　上記から，社会との良好な結びつきのためにも，個人の幸福の実現にも，生きる目的の意識が重要であることが分かります。生きる目的に向かう教育や心理的介入は，幸福を高める個人の能力の向上やその他の心理的側面への幅広い波及効果をもたらします（Dubé et al., 2007）。人生90年時代を迎えた現代，価値や生き方の見直しが求められる機会が人生にたびたび訪れます。そうした転機に個別の価値を満たす選択が，幸福感を高めることも明らかにされています（Brown, 1996）。生きる目的を生涯意識し続けることで，私たちは長い人生を通じて幸福を実現できる可能性をもっているといえます。

Column 4　ワンダフル・エイジング

　生きる意味を見いだして，心豊かに年を重ねる人生後半の生き方をワンダフル・エイジングとよんでいます。これまで上手な年のとり方を説明する際に，サクセスフル・エイジングという言葉が多く用いられてきました。サクセスフル・エイジングの定義は時代とともに変わり，従来は健康であることや社会活動が前提条件であったものが，現在では多くの条件を含む幅広い概念として捉えられています。あえてここでワンダフル・エイジングとしたのは，サクセスフルを日本語に置き換えたときに，社会的な基準を満たすという意味での成功が頭にうかぶからです。第三者の目線でサクセスフルに生きようとすることから解放され，自分の価値に基づいた目標の成就に向かって自由な生き方ができるのが人生後半です。一番になることや競争で勝つことよりも，人生後半には自分はどうありたいのかという個人の人生目標を大切にする生き方が豊かな生き方と関連することが，多くの研究からも示されています。

　病気や障害がないこともももちろん大切ですが，たとえ体が衰えても自分で考えて決める自律と目的への「意志」を持つことや，今ある状況や未来を信頼することはできます。また，年齢を重ねた人には，様々な経験を通して身につけられた強みがあります。未来を信じて，自ら一歩を踏み出すことで，生きる目的に近づく「希望」の光が見えてくるはずです。健康のために毎朝ストレッチをする……健康であることが自分にとっての何かをみたしてくれるのなら，それだけでも大きな一歩です。一歩踏み出すと，そこに新しい世界が広がります。新しい世界との出会いは，驚きに満ちたまさにワンダー・フルな体験で，そのときのドキドキ・ワクワクは，いくつになっても変わることはありません。

　ワンダフルには，未知に遭遇する驚きに満ちた，という意味があります。しかもその驚きは，未知を知る喜びであり，未知の未来の可能性を信じる希望でもあります。私たちの人生には決まった道のりはなく，生涯にわたって可能性に満ちています。その喜びと希望が人生をワンダフルにします。

　明るい未来を信じるだけが希望ではありません。今生きていること，生かされていること自体に意味を見いだして喜びを感じられるのが希望だということを，人生経験を経て絶望を超えた人は知っています。年をとると必ず直面するのが，物事には終わりのあることへの気づきです。そうした気づきは，あたり前のようにあると思っていた未来が断絶される体験であり，その瞬間はもうだめだという絶望すら感じることでしょう。ただ，そうした絶望に直面してもなお，目をそらさずに真剣に人生に向き合うことで，私たちは限界を超えて新たな未来を描き，希望を持って生きていけるといいます。

　自分の人生を超えた未来をも視野に入れた，人生そのものに向き合い，生きる意味と喜びを見いだす生き方が，ワンダフルな生き方であり，ワンダフル・エイジングは多くの人生経験を経てしなやかに価値を見直しながら生きてきた人にこそ実現できる，真に豊かな生き方だといえます。

　目的に向かう道筋は，決してまっすぐではないまわり道です。立ち止まり，時には道草や後戻りもして，同じように道を進む人と共に試行錯誤を繰り返し，少しずつ目的が見えるところまで進んでいきます。ワンダフル・エイジングは，目的に向かい進むなかで可能性が広がる生涯発達の軌跡です。

（引用：日下菜穂子（2012）．『ワンダフル・エイジング』ナカニシヤ出版）

Activity 4　学びの目標設定

Goal

　同じことをしていても，目標は一人ひとりに違います。どうしてこのテキストを手に取ったのか，テキストを使ってどうなりたいのかという学びの目標も，人それぞれのはずです。テキストでのライフデザインを始める前に，まずは，このテキストで学ぶ目標を定めてみましょう。目標は，自分の思いに加えて，周囲の思いも汲み取ることでより実現しやすくなります。そして，設定した目標を実現するために必要なことを考えます。このテキストでの学びそのものが，ライフデザインの過程です。学びの目標を意識して，自らの選択で行動を起こして下さい。

Time

40分（実践20分・リフレクション20分〜）

Procedure

1. テキストをここまで読んで，「ライフデザインで学ぶこと」を自分の言葉でまとめて記入します。
2. テキストを薦めた人，ライフデザインの学びの場所を設定した人（例：教員，ファシリテーター等）がいれば，その人があなたに期待する学びの効果を聞いて「期待される学習効果」に記入します。
3. 上記の1と2を含めて，自分はライフデザインによってどうなりたいのかという自分自身の課題や目標を「自分自身の学習目標」に記入します。
4. 自分自身の目標や課題を達成するために，何をするのがいいのか，具体的に自分が起こす行動を「具体的な行動目標」に記入します。
5. 関係する項目を線でつなぎます。

Tool

- 「学びの目標」記入用シート（次頁）

Reflection

1. 5・6人のグループになり，記入した用紙を見比べます。
2. 「ライフデザインで学ぶこと」「期待される学習効果」を全員の意見を聞きながら修正します。
3. それぞれの記入した「自分自身の学習目標」を発表します。
4. 「具体的な行動目標」について，互いに意見を出し合い，効果的な方法を考えます。
5. 記入した内容は，リフレクションを通して書き直してシートを完成させます。

「学びの目標」記入用シート

ライフデザインで学ぶこと	期待される学習効果	自分自身の学習目標	具体的な行動目標

Column 5　アクションを起こす行動の書き方

　行動の目標を立てる時に，アクションを起こしやすい書き方があります。

　たとえば，「口を閉じている（状態）」や，「口を閉じさせる（受け身）」「口を閉じない（否定形）」はすべて行動ではありません。もし授業中に私語をしている生徒に「口を閉じない」ことを注意して罰を加えたとします。「口を閉じない」のは行動ではないので，注意を受けても，どのような行動が適切なのかが分かりません。Activity 4 の「具体的にどう行動するか」に，たとえば「だらだらしない」と書いても，それは行動ではないので，目標に近づくアクションにはなりません。授業中は「口を閉じる」，9 時になったら「本を開く」といような，自分の意志で起こせる行動を目標にすれば行動につながりやすくなります。また，その行動が起こりやすいように環境を整えるなどの対策もたてやすくなります。

　行動とは何かの説明に，死人テストが用いられることがあります（杉山ら，1998）。このテストは，「死人でもできることは行動ではない」という行動の定義を分かりやすく示す基準として活用されています。死人のテストで明らかにされるアクションを起こすための行動の書き方の条件は次の 3 つです。

　①状態ではない
　②受け身ではない
　③否定形ではない

　アクションを起こす行動の書き方には，さらに下の 3 つのポイントがあります。

　①どんな時に：行動を起こす時の状況，条件を書く
　②何を：何をするかを具体的に書く
　③どのくらい：行動の起こる回数や時間などを数値化できるように書く

　「社交的にする」は，行動を観察した人がもつ印象や解釈で，人によってはまったく違うアクションとなりがちです。「社交的にする」を具体化していくと，「友達に会ったら微笑む」→「友達に会ったら，視線を合わせて，微笑みながら，おはようと言う」となります。また，「毎日，新聞を読む」を目標とするなら，その目標までの行動を細分化して，「朝，いつもより 10 分早く起きる」「起きたらすぐに新聞をとりに行く」「朝食を食べるテーブルに新聞を置く」「朝食後に新聞を広げる」「10 分間新聞を読む」というように，できるだけ細かくスモールステップに分けると実行しやすく，達成感が得やすくなります。

Chapter 2　自己との対話

2-1　ライフデザインの過程

　ライフデザインの過程は，自己の探求，目標の探索と検討，目標追求の計画，実行，計画の見直し，実行を通して進みます。

　自己の探求では，これまでの人生を振り返り，人生経験を通して得られた強みや志向を把握します。そして本質的に自分が大切に思う価値，価値を現実に近づける目標を設定し，目標達成までの道のりである計画を立てます。計画に基づき行動を起こし，その経験の内省により得た気づきから次の行動を考えて，再度行動を起こす，こうした過程を何度も繰り返しながら大きな目的に近づいていきます。

　豊かに生きるライフデザインの基盤は，先述した自己と環境に対する「信頼」の感覚であり，その感覚は他者との目的の共有により高まります。他者の関心に注意を向けて，情報を共有・伝達する行動システムを「共同注意（joint attention）」と言います。共同注意は，単に目的を見るだけでなく目的を意識する気持ちや感情の共有を意味します。1人では目的が漠然としていても，他者と目的に注意を向けて対話を通してイメージを共有すれば，目的がより明確になります。また，目的を共有する人と人との間には，互いへの肯定的な関心が生まれ信頼の関係が形成されやすくなります。目標遂行の過程には困難が伴いがちですが，その過程を共有して「次はきっと大丈夫」と信じ合う他者の存在が，あきらめずにもう一度挑戦する意志を支えます。

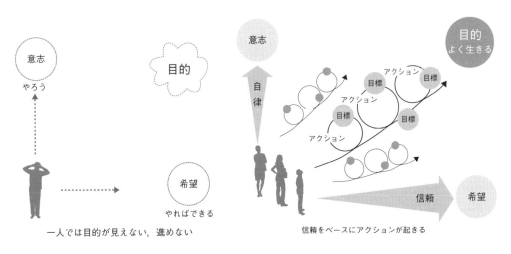

図 2-1　信頼を基にした目標追求

2-2 自分の強みを知る・伝える

①強みの発見

「強み（strength）」はよりよく生きるうえで活かされる個人のポジティブな特性です。よりよい生き方について，人のもつ強みに注目して科学的に探求しようとするのがポジティブ心理学です。従来の心理学が弱さの克服に主に焦点を当てていたのに対して，ポジティブ心理学では強みを活かして人生を充実させることに注目した研究と実践がなされています。ポジティブ心理学の提唱者のセリグマン（M. E. P. Seligman）は，よりよく生きるとは本当の幸福と充足感をもたらす生きがいのある生活だと言います。つまり，私たちが毎日の生活にはりあいを感じるような目標があり，それを追求していくような生き方をすることがよく生きるということだとされます。

生きがいある生活に，自己に内在する強みが活かされます（セリグマン，2004）。人は誰にも潜在する強みがあり，強みを活かしてよりよく生きる可能性をもっています。まずは，私たち自身がその強みに気がつくこと，そして一人ひとりが個別に望む生き方をする上で強みがじゅうぶんに発揮されること，そうした生き方をする人を周囲が理解していることの3つが，よく生きるために求められます。

Activity 5 「強み」のインタビュー

Goal

> 強みは，過去の体験を振り返り，困難を乗り越える時にたびたび発揮される力や，努力した経験から身についた力です。自分自身で強みだと思う認識には，他者の評価が反映されています。また，他者から指摘されて初めて，自分の強みに気づく場合もあります。まずは，自分で思う強みを挙げます。そして，他者に聞いた自分の強みを見比べて自己の強みを確認します。

Time

> インタビュー ＋ 30分（記入10分，リフレクション20分）

Procedure

> 1. 記入シートに，自分の強みを3つ以上書き入れます。
> 2. 次の人のうち3人から，「（自分の）どこが強みだと思うか」を聞きます。
>   ①家族　②同年代の友人　③年上（下）の知人・友人　④異性の知人・友人
> 3. 他者から聞いた強みを，記入用シートに書き入れます

Reflection

1. 5～6人のグループになり，記入した「自分で思う強みと，他者が思う強みを見比べた感想」を話し合います。
2. グループで話し合った内容を，グループの代表者が全員に話します。

【強み】の記入用シート

《自分で思う私の強み》

《他の人から聞いた私の強み》

あなたが思う自分の強みと，周囲の人から聞いた強みは一致していましたか？　自分で思う強みと，他の人が思う強みを見比べた感想を記入してください。

②強みの分類

　強みは，一般に自分の長所や優れた特性，得意なことを意味します。過去の人生経験の中で，課題や困難に向き合う時にたびたび発揮される力や，努力を重ねた結果として獲得される力が強みです。強みの分類の方法はさまざまですが，強みの概念を統合した分類として6つの中核的な強み（知恵と知識，勇気，人間性，正義，節制，超越）と，それぞれの下位に分類される24の強みの分類があります（Peterson & Seligman, 2004）。次のActivity 6で用いる強みには，この分類に加えてエリクソンの心理社会的発達段階理論で葛藤解決の結果として得られる8つの徳（希望，意志，決意，才能，忠誠，愛，ケア，英知）を組み合わせて，7つの領域に分類される41の強みを挙げています。

③強みを語る

　ライフデザインの過程に，他者の支えや協力は欠かせません。支持的な対人関係は信頼に基づいて結ばれます。互いの強みを知り「やればできる」という根拠を共有する人同士は，互いを信頼し合う仲間になります。子どもの頃なら，黙っていても自分の強みを知ってくれる人が身近にいて，「やればできる」と信じてくれていたでしょう。しかし，大人になれば，自分で強みに気づき，他者との協力関係において自分のできることを考えて行動したり，仲間になるために自分からすすんで強みを他者に伝えたりすることが求められます。

Activity 6　過去の経験から「強み」を探す

Goal

　将来を考えるためには，振り子のようにまず過去を振り返り未来に向けて助走をつけます。過去の人生で何があったかという出来事よりも，その出来事が今の自分にとってどんな意味があるのか，その出来事の体験により何が身についたかを考えます。

Time

40分（実践20分・リフレクション20分～）

Procedure

1. ワークシートの「転機」「年齢」「出来事」の部分に，これまでの人生で起きた，自分にとって意味のある出来事を書きます。
2. 出来事の起きた年齢を「年齢」の部分に記入します。
3. 出来事の意味の大きさを，10個の玩具ブロックを使ってその数で表します。「転機」の線の上に，転機の大きさを表す数の玩具ブロックを置いて下さい。
4. それぞれの出来事に向き合う時に身についた力，出来事に向き合おうとして発揮された力を「転機を乗り越えたときの力」に書き入れます。

Tool

- 玩具ブロック（同サイズ）×10個×人数
- 【人生の振り返り】記入用シート（次ページ）

Reflection

1. 5～6人のグループになり，記入したシートの中で，最も大きな意味のある出来事と，その時発揮された強みを，グループで語ります。
2. グループで話し合った内容を、グループの代表者が全員に話します。

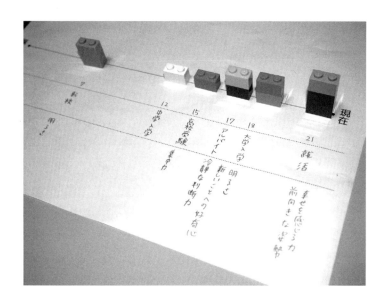

【人生の振り返り】記入用シート

Activity 7　「強み」の自己紹介

Goal

　強みを見出すために，これまで継続して行っていること，さまざまなことに取り組む時に繰り返し現れるパタンに注目しましょう。過去の体験や，他者からの評価も含めて，実際の経験に基づいて，自分の長所や優れているところ，何かの時に頼りにできるところを考えましょう。強みが発揮されやすい場面は，環境が変化する時，新しいことに取り組む時，複数の人と協力して何かをする時，ピンチの時，高めの目標に挑戦する時などです。
　完成したシートは，他者と比べると類似点と相違点から自分らしさに気づきやすくなります。

Time

40分（実践10分・リフレクション30分～）

Procedure

1. ブロックを10個程度手元に置く。強みチェックシートに書かれている項目で，強みだと思われる項目の四角欄に玩具ブロックを1つずつ置きます（ブロックは10個以上使用でも，少なくてもよいので自由に）。
2. 項目ごとの重みづけをするために，玩具ブロックを積み上げます。

Tool

- 玩具ブロック（約1センチ四方の正方形）×10個以上×人数
- 【強み】チェックシート（次ページ）

Reflection

1. 5〜6人のグループになり，シートを互いに見せ合います。
2. グループの中でシートを見比べながら，自分と他者とで「似ているところ」「違うところ」を話し合います。
3. 1人3分で，「自分らしいと思えるところ」「自分らしさを現す強みは何か」「その強みの根拠（どんな時にその強みが発揮されたか，どうしてその強みが身についたか）」をグループの中で語ります。

＊完成したシートは写真に撮るなどで保存しておくと，後から振り返る時の役に立ちます。
＊強みと関連する過去の体験の写真があれば，複数枚をつなげてコメントをつけて3分程度の動画にしてもよいでしょう。

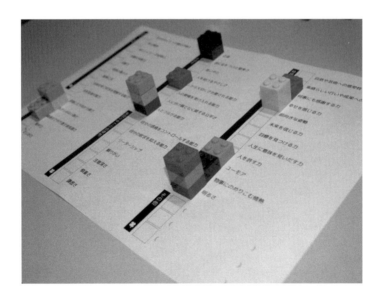

【強み】のチェックシート

精神性
- 自然や芸術への感受性
- 素晴らしい行いや成果への感受性
- 何事にも感謝する力
- 幸せを感じる力
- 前向きな姿勢
- 未来を信じる力
- 目標を見つける力
- 人生に意味を見いだす力
- 人を許す力
- ユーモア
- 物事にのめりこむ情熱
- 明るさ

その他
- (　　)
- (　　)
- (　　)

信頼性・親密性
- 正直
- 地に足をつけた堅実さ
- 思いやり
- 人を助けるやさしさ
- 人から大切にされ愛される能力
- 人の愛情を受け入れる能力
- 人に分け隔てなく接する公平さ
- 人とつながる能力

集団の中での自律性
- 自分の感情をコントロールする能力
- 自分の欲求を抑える能力
- リーダーシップ
- 頼りがい
- 注意深さ
- 慎重さ
- 謙虚さ

自発性・知恵
- 世の中のことへの関心の高さ
- 学ぶ意欲
- 新しいことへの好奇心
- 冷静な判断力
- 決断力
- 発想の豊かさ
- 創意工夫
- 全体を見て状況を理解する能力
- 先を見通す能力

勤勉性
- 逆境に立ち向かう強さ
- あきらめない強さ
- 最後までやり通す根気強さ
- 集中力
- まじめさ

2-3 目標と価値

　将来の夢を聞かれれば，同じ人でも子どもの頃と高校生の時では答えは違うでしょう。小さな子どもが「大きくなったらテレビアニメのヒーローになる」と，現実とは離れた憧れを将来の夢として語ることはめずらしくありません。しかし大人になるにつれて徐々に夢に現実味が加わります。夢の描き方には，時間の捉え方である「時間展望」が影響しています。時間展望が発達するにつれて，未来や過去が現在の延長線上につながり，ひいては現在にすべての時間が融合するように捉えられます。そのため年齢とともに夢には，今努力して到達できるレベルかの可能性が含まれるようになります。夢をあきらめないことは大切ですが，現在と切り離された憧れのままでは，夢の実現は難しいでしょう。現在の状況と照らし合わせて可能性を考え，過去の経験を基に現在の見通しを立てることで，夢は実現可能な目標に変わります。

　こうした時間展望の変化には，知的な働きである「認知」の発達が影響しています。学童期には，実際に見たり聞いたりしなくても，過去の経験から導いた仮説を現実にあてはめて確認したり，シンボルに置き換えて理解する「抽象的思考」ができるようになります。そのため，時間，人生，愛といった実態のない事象も頭の中でイメージを操作して，関連づけたり意味を考えたりできるようになります。ライフデザインは，過去の経験にアクセスしながら未来を予測し，現在の振る舞いを調整するという極めて抽象的で実態のない事象を頭の中で操作する過程です。ライフデザインにおける理想の想起，過去の再体験・再認識，現在の自己探求，未来の目標設定，計画，実行，振り返りによる計画の修正を含む円環的な行程は，認知の機能の総合的な働きです。認知の機能を十分に発揮するには，アクセス可能な知識の量と，抽象的な思考を支える知識の深さが必要になります。ライフデザインは，経験と知識とを両輪として蓄積する認知の発達とともに進みます。

①目標とは

　私たちの日々の行動は，目標に方向づけられています。「目標なんてない」という人がいるかもしれません。しかし，たとえばなぜこのテキストを開いたかを考えてみてください。おそらく，「新しいことを知りたい」「就職活動に役立てたい」などの個々人に違う理由があるはずです。その「なぜ」に対するいわば行動に方向性を与えるものが目標です。たとえば「テストの勉強をしよう」「でもサークルにも行きたい」というように，複数の目標が同時に重なって選択を迫られる時や，物事が思うように進まず新しい手段を考えなくてはいけない時などに目標が意識されやすいものです。1つひとつの行動の目標を意識して，すべてに計画を立てながら実行することはできません。むしろ目標追求は無意識的に遂行される方がうまくいくこともあります。そのため，考えて行動するよりも，行動を起こして持続させる体験がライフデザインでは重要とする考え方もあります。しかし，選択を迫られて判断に迷ったり，目標達成の難易度が高い場合などには，ライフデザインに意識を向けて考えて動くことも求められます。

　目標は，行動を起こすアクションと，行動の持続とに深く関係しています。目標には，「こうありたい」という希望と，現実と理想のギャップを意識して「このままではいけない」と思う緊張とが含まれます。私たちは，目標に少しでも近づき，理想と現実との間の差を埋めて緊張を回避するために行動を起こします。そして，あきらめずに目標に向かう努力を続けられるのは，「こうありたい」という未来の明るい展望があるからです。

Activity 8 「目標」に気づく

Goal

　日々の小さな喜びや願望，短期，中期，長期的目標を整理し，確認するために，「私の願い尺度」を用います。まずは，尺度の文章に従って，好きなこと，計画していること，望むことを書き出し，具体的な目標を見つけるてがかりにします。

Procedure

1. 「私の願い尺度」の文章の空欄に，思い浮かぶ言葉を記入します。1日のうち，この1週間のうち，将来において，喜びを感じるものが何か，何を望んでいるかということについて記入します。各項目に対して，複数の異なる目標や願いを挙げる必要はありません。また，無理に考えて目標を作り出さなくても，この時点では回答は不完全でも構いません。
2. 5〜6人のグループになり，メンバーで「私の願い尺度」の内容を共有します。

Reflection

1. 「私の願い尺度」の回答から，あなたの「目標」について気がついたことをグループで語り合います。
2. グループでの語りや，尺度の回答から，あなたの目標が見つかれば，それをグループで語り，メンバーと目標を共有します。

＊この時のポイントとして，目標の追求や実現を妨げたり躊躇させたりする気持ちに注目してください。あなた自身の気持ちだけでなく，目標追求を妨げる他者から伝わるネガティブな考えにも目を向けます。

「私の願い尺度」記入シート

次の文を読んで，あなたがふと自然に心に浮かべたことを書き入れて文章を完成してください。あなたが願っていることや，あなたがどうしたいかなどを書いてください。あなたが心からそう思い，あなた自身が本当にそうあってほしいと思うことが大切です。

同じことが繰り返されているような印象があるかもしれません。文章を完成する時に，あなたが前に書いたことを思い出して書くのではなく，それぞれの文を読んでその時にふと心に浮かんだことをそのまま書いてください。

書いたことを他者がどう思うかは，気にすることはありません。ここに書かれたことは，回収・公表しません。

1. 私がしたいのは＿＿＿＿＿＿＿＿＿＿＿＿＿＿＿＿＿＿＿＿＿＿＿＿＿
2. 私が心から求めるのは＿＿＿＿＿＿＿＿＿＿＿＿＿＿＿＿＿＿＿＿＿
3. 私がめざすのは＿＿＿＿＿＿＿＿＿＿＿＿＿＿＿＿＿＿＿＿＿＿＿
4. 私の願いは＿＿＿＿＿＿＿＿＿＿＿＿＿＿＿＿＿＿＿＿＿＿＿＿＿
5. 私が切望するのは＿＿＿＿＿＿＿＿＿＿＿＿＿＿＿＿＿＿＿＿＿＿
6. 私が決心しているのは＿＿＿＿＿＿＿＿＿＿＿＿＿＿＿＿＿＿＿＿
7. 私は＿＿＿＿＿＿＿＿＿＿＿＿＿＿＿＿＿＿＿＿＿時に嬉しいと思う。
8. 私は＿＿＿＿＿＿＿＿＿＿＿＿＿＿＿＿＿＿＿について強い意志がある。
9. 私が望むのは＿＿＿＿＿＿＿＿＿＿＿＿＿＿＿＿＿＿＿＿＿＿＿
10. 私は＿＿＿＿＿＿＿＿＿＿＿＿＿＿＿＿＿＿＿＿＿にまったくためらわない。
11. 私は＿＿＿＿＿＿＿＿＿＿＿＿＿＿＿＿＿＿＿＿＿のために努力している。
12. 私は＿＿＿＿＿＿＿＿＿＿＿＿＿＿＿＿＿＿＿＿＿（を）熱望する。
13. 私は＿＿＿＿＿＿＿＿＿＿＿＿＿＿＿＿＿＿＿に懸命に取り組んでいる。
14. 私は＿＿＿＿＿＿＿＿＿＿＿＿＿＿＿＿＿＿＿＿＿できるようになりたい。
15. 私は，とても＿＿＿＿＿＿＿＿＿＿＿＿＿＿＿＿＿＿＿＿＿たいと思う。
16. 私は＿＿＿＿＿＿＿＿＿＿＿＿＿＿＿＿＿＿する（の）心の準備をしている。
17. 私は＿＿＿＿＿＿＿＿＿＿＿＿＿＿＿＿＿＿＿＿＿＿＿する決心がある。
18. 私は＿＿＿＿＿＿＿＿＿＿＿＿＿＿＿＿＿＿＿＿＿＿時に幸せを感じる。
19. 私は熱烈に強く＿＿＿＿＿＿＿＿＿＿＿＿＿＿＿＿＿＿＿を望んでいる。
20. 私は＿＿＿＿＿＿＿＿＿＿＿＿＿ためならなんでもできることをするつもりだ。
21. 私は是非＿＿＿＿＿＿＿＿＿＿＿＿＿＿＿＿＿＿できるようになりたいと思う。

(Dubé, M., Lapierre, S., Bouffard, L., & Alain, M., Personal Goals Management Program. unprinted)

Column 6　目標追求のアクションを妨げる考え方

　何かを始めようとする時に，ふと浮かぶ考えやイメージが，足をひっぱることがあります。同じような考えが浮かんであきらめていることがあるとすれば，それは弱みとなる考え方かもしれません。目標の追求を妨げる考え方を見つければ，自分で問いかけながら修正することができます。

　目標追求のジャマをする典型的な考え方には，次のようなものがあります。

　目標追求を妨げる認知の歪み
1) ネガティブな未来予想：誰にも分かるはずのない将来を決めつけてしまい，きっとうまくいかないだろうとあきらめてしまう。
　　例）「どうせ失敗に終わるだろう……」
2) 完ぺき思考：やるかぎりは完ぺきにやらなければと思い，完ぺきにできないならやらないでおこうと思う。
　　例）「書道を始めるなら段をとらないと意味がない」
3) べき思考：「こうするべき」「こうあるべき」という考えから，自分の行動を制限する。
　　例）「母親として，子どもが生まれたら家にいて子育てに全力投球すべき」
4) 一般化のしすぎ：1度や2度起こっただけの失敗・悪い出来事を，常に当然のごとく起きることだと思い込む。「いつも」とか「すべて」とか「絶対」というような意味の言葉を含む場合が多い。
　　例）「わたしは，他人と仲良くなろうとガンバっても絶対に失敗する」「いつも，みんなに嫌われる」
5) 先のばし思考：今やらなくてもいつでもできると思い，先のばしにする。
　　例）「時間ができたら，やるつもり」
6) 自分がやらなくても思考：しょせん，人生は運しだいだから，自分ががんばらなくても，なるようにしかならない。
　　例）「自分の人生が良くなるも悪くなるのも，結婚する相手次第」

　最初の一歩を邪魔する考えが頭に浮かべば，まずは，その考え方に気づき，受け止めましょう。考えを変えられず先に進めない場合は，たいてい考えを裏づける根拠ばかりを探しています。別の適切な考え方を見つけるために，次のように自分に問いかけてみてください。

　別の考え方を探す質問
● その考えと矛盾することはありませんか？
● その考えが正しいとは限らないといえる出来事は，これまでにありましたか？
● その考えは100％正しいでしょうか。もし100％でないならそれはどういう理由からですか？
● あなたの身近な人が，あなたと同じような考えをしていたら，その人にどんなアドバイスをしますか？
● 10年後のあなたが，今のあなたにアドバイスするとしたら，何と言いますか？

②目標の核にある価値に気づく

　価値は人生に方向性を与える個人の人生目標の核であり，「状況を超越した目標」（レイサム，2009：227）と言われます。価値の気づきは，「何のために働くのか」「何のために生きるのか」という意味を行動に与えるものであり，人を動機づける源でもあります。価値が高く認識される目標ほど，達成への意志と動機づけが高いため，多少の困難があってもあきらめずに目標を追求します。目標の設定には，価値の認識と，目標に到達できる現実的な見込みの感覚が関わっています。心理学者のレヴィン（K. Lewin）は，価値を認めて強く達成したいという目標があり，その目標が達成できるという未来への明るい展望があることが希望だと言いました（レヴィン，1956）。生きる意味である生きがいの感覚は，目標に近づく過程で，価値が満たされる喜びや満足の実感です。

③価値を語り仲間になる

　目標は1つではありません。また，1つの目標に複数の価値が含まれることもあります。若い時には，職場で活躍すれば，家族と一緒にいる時間が少なくなるなど，複数の目標の間に葛藤が生じやすい傾向があります。それが高齢になるにつれて，たとえば語学力の向上と対人交流という目標が，英語教室に通うことで共に満たされるというように，複数の目標間の葛藤が少なくなる傾向があります（Riediger et al., 2005）。

　では，複数の目標が対立して葛藤があって，どちらの目標も重要な場合は，どうすれば，複数の目標を同時に追求することができるのでしょうか。また，自分の目標が他者の目標と対立していても，他者が大切な人であれば，その人の理解や協力を求めたい場合もあるでしょう。目標が困難であるほど，目標達成には人，道具（手段・情報），時間，スキルの面での工夫が必要です。その中でも特に重要なのが，他者との目標の共有です。他者と目標を共有するには，互いにその目標の意味を理解し，認め合っていることが条件になります。他者との協調的な関係構築にまずは，自分の目標の価値を認識して目標追求の意味を人に伝えられることが大切です。また，チームとして共に同じ目標を追求する場合にも，なぜその活動が重要なのかという価値を伝え，互いにその意味が受け入れられれば，目標追求へのチームの意志の向上にもつながります。男女共同参画社会の到来により，多くの人が「家庭」と「仕事」の価値の両立に向き合うことになりました。社会支援や制度の活用で，家庭人としての価値と職業人としての価値の間の葛藤は少なくできます。しかし，現実にはその葛藤解決が困難な時もあるでしょう。そのような時には改めて「なぜ働くのか」という働く意味について自己と対話し，自己の価値を協力してほしい他者に語ってみてください。具体的な目標は人それぞれ違っていても，価値は普遍的に誰にでも存在しており共感が得やすいものです。もし互いの価値が大きく違っていても，価値を大切に思う気持ちは共通しています。同じ目標を追求する仲間となれば，目標追求のパフォーマンスは高まります。また，価値を理解し合う人と人との間には信頼が生まれます。価値の対話は，目標を媒介として人と人とを繋ぐ重要なコミュニケーションだといえます。

Activity 9　価値の番付け

Goal

> 私たちは，これまでの人生でさまざまな判断（大学に進学する，クラブ活動を選ぶ，就職先を決めるなど）をしてきたと思います。その判断基準にあなたの価値がよく表れていると言えます。あなたの価値を，他者との比較も通して確かめていきましょう。

Procedure

> 1. 次頁の楕円の中に，下の12の価値の中から，最も大切だと思うものを9個選び，大切だという思いの強いものを上から順に記入してください。左と右の優先順位はありません。

Reflection

> 1. 「価値の番付け」の表を見せ合いながら，「なぜこの番付にしたか」「9個の番付けにない価値は，なぜ選ばなかったのか」という価値の番付けの理由を語ります。
> 2. 「価値の番付け」を見比べて，グループのメンバー同士の似ている点，違う点から気づいた自分らしい価値を語り合います。

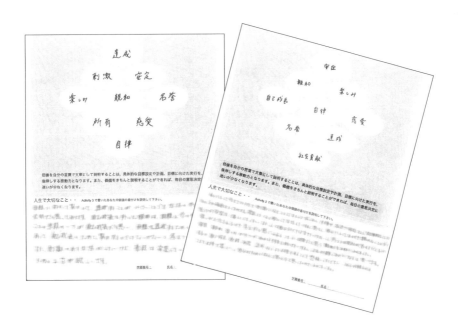

「価値の番付け」記入例

「価値の番付け」記入シート

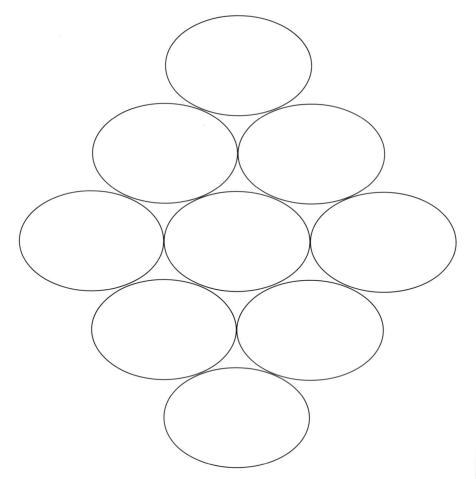

1. 自己成長	自分の能力を高める
2. 親　和	周囲の人たちと和やかな関係を築く
3. 慈　愛	身近な人達の中で，その人達の幸せを大切にする
4. 楽しみ	おいしいもの，楽しい体験などで満足や喜びを得る
5. 名　誉	他者から肯定的に評価される，名誉を得る
6. 達　成	目的をもって何かをなしとげる
7. 所　有	物質的な豊かさ
8. 自　律	自分のしたいことを自由に選び実行できる
9. 安　定	生活の満足感や経済的安定を得る
10. 刺　激	新しいことや変化など，生活に刺激を求める
11. 影響力	集団の中で実力を発揮し，組織の期待に応える
12. 社会貢献	次世代や世の中のために尽くす

Column 7　グループの関係を築く「問いかけ」のスキル

　ここまでの Activity では，自己との対話に加えて，他者との対話のためにグループの力が活用されます。グループの力は，メンバー間の関わりあいから生まれる共感・受容・競合・葛藤などの感情の動きです。グループのメンバーが互いに関心を寄せ合い，感情が共有されると，一人ではできなかった気づきが得やすくなります。

　グループには，グループを主導するリーダーと，主導されるメンバーという，助ける一助けられる役割が生じます。組織心理学者のシャイン（E. Schein）は，その著書『人を助けるとはどういうことか』（シャイン，2009）の中で，組織に大切なのは，支援する立場の人が支援される人との立場の違いを釣り合わせて，本当に必要なものを互いに理解するコミュニケーションの過程だとしています。シャインの示す支援者の役割をグループのリーダーにあてはめると，重要なことを知っている人としてメンバーを尊重し，グループ内でのメンバーの立場を確立すること，グループの目的や関心をメンバーに明確に伝えて，グループで互いに良好な関係を築こうというメンバーの意欲を高めること，グループの良好な関係を基に重要な情報を導くことだといえます。

　グループを主導する上でのコミュニケーションのスキルには，これまでは「話す」ことと「聴くこと」が重視されてきました。しかしシャインは，グループの良好な関係を基盤に気づきを促す対話では，相手に何を尋ねるかという「問いかけ」がより重要であることを指摘しました。シャインは，近著の『問いかける技術―確かな人間関係と優れた組織を作る』（シャイン，2014）に，グループの関係を築くポイントをあげています。それは①自分から一方的に話すのを控える ②「謙虚に問いかける」姿勢で相手に質問する ③傾聴して相手を認める努力をするの3つです。

　著書のタイトルにもなっている問いかけは，相手に興味や関心をもって尋ねることを意味しています。その関心には，互いに率直に語り合える関係になりたいという意図が含まれています。問いかけには，この他にもさまざまなメッセージが含まれています。シャインは，問いかけの形を ①純粋な問いかけ ②診断的な問いかけ ③対決的な問いかけ ④プロセス指向の問いかけの4つに分類しました。

　問いかけの4分類のうち①の純粋な問いかけは，カウンセリングの会話を促す技法に近い質問で，メンバーの立場を確立して自信を高めるのに有効です。また②の診断的な問いかけは，リーダーが意識的に相手の思考のプロセスに影響を与える質問です。意識的に焦点を当てたい部分について質問をするなどで，リーダーが対話の主導権を握ります。また診断的な問いかけの中でも体系的な質問は，メンバーが起こす行動や行動と反応の関係を多面的な角度からモニターするのに役立つ問いかけです。③の対決的な問いかけは，リーダーの意見や提案を対話に入れる意図があります。④プロセス指向の問いかけは，グループの関係そのものに焦点を当てる質問であり，グループの信頼関係の評価のために役立てられます。

　有効な問いかけ方により，メンバーは自分自身で課題の解決に取り組めるという自信を高めます。また，課題の解決に他者と協力することができるということが問いかけにより認識されます。

Chapter 3　ライフ・キャリアと社会との関係

3-1　ライフ・キャリアと社会との関係

　21世紀に入り，ライフ・キャリアをめぐる状況は大きく変化しました。経済のグローバル化，IT革命，キャリアをめぐる環境変化の速さと長期的見通しの困難さが指摘されています。そのような時代のポスト・スーパー（D. E. Super）のキャリア発達理論は，大きく偶発理論，構築理論，文脈理論に分類されています。スーパーの理論は白人ホワイトカラー男性を中心に構想されていたという批判を受け，特に現代は，文脈理論に分類されるものとして，女性，障害者，外国人，移民，同性愛者，その他の社会的弱者といわれる周辺化された人々へとキャリア教育やキャリア支援の対象が社会正義に向けて拡大していると言われています（下村，2008：32）。たとえば，ブラウンは，人は人種，民族，階層，ジェンダー，宗教に関わらず平等に能力開発と経済的平等が保障されるべきであり，キャリア教育やキャリア支援を通して社会正義が実現されなければならないと主張しています（Brown, 2007：17）。ブラウンは，能力開発と経済的平等を享受しない人々の属性の1つとして「ジェンダー」を挙げています。特に日本の労働市場においては，社会的・文化的文脈に組み込まれた日本特有のジェンダー格差が存在します。

　ジェンダー研究の源流は1960年代にアメリカで登場した第二波フェミニズムにあります。「フェミニズム」は，「(1) 男女間には非対等な力関係があるという認識から出発して，その原因，プロセス，維持のメカニズムを分析し，(2) 社会的，経済的，政治的，文化的，心理的変革をめざす，(3) 理論と運動である」（ホーン川嶋，2000：43）と捉えられています。理論だけでなく社会運動や社会変革の側面をもつこのユニークな分野から女性学が生まれ，そして対抗分野として男性学が発展し，やがて性のありようをより広範囲に扱うジェンダー研究が誕生しました。「ジェンダー」という言葉は，フェミニズムの中核概念ですが，大きくは次の4つの意味レベルに分類されます。(1) 単なる男女の性別，(2) 社会的性別・性質，(3) 規範および参照枠組み，(4)「性に関わる差別／被差別関係，権力関係，支配関係を示す概念」の4種類です（伊田，2006：12）。日本の労働市場にこれらの意味レベルのジェンダー・バイアスが反映された結果，さまざまな男女格差や男女不平等が生じているのです。

　さて，社会正義実現に向けて社会の格差是正を考える場合，その現状を改善するために，個人，組織，社会，政府の各レベルで，リーダーシップが発揮されて社会改革の推進エンジンになっていくという視点が必要となります。アメリカのキャリア教育における「21世紀スキル」の1つであるライフとキャリアのスキルにもリーダーシップと責任感が位置づけられています。これは，ライフやキャリアの過程でリーダーシップを発揮して責任ある態度で社会に参画していく力のことです。リーダーシップは自分には関係ないと考える人がいるかもしれませんが，リーダーシップを発揮できる人物の中核となるのは，主体性・責任感・良心をもつ自己リーダーシップですから，幸せで充実したライフ・キャリアを構築していく上で，すべての人にとって必要なものといえるでしょう。

Activity 10-A　労働市場におけるジェンダー格差を考える［本節を読む前に］

Goal

> 日本の労働市場におけるジェンダー格差について理解を深めるにあたって，検索サイトや資料を用いて調べてみましょう。

Time

> 20分（予習30分・授業中のリフレクション20分〜）

Procedure

> 1. 雇用状況をめぐるさまざまな側面において，どのようなジェンダー格差や女女格差があるのかについて数値を記入します（ワークシート1）。
> 2. 現時点（本節学習前）で考えているライフコースを選び，それを選んだ理由を記載します（ワークシート2）。

Tool

> - 筆記具
> - ［労働市場におけるジェンダー格差を考える］記入用シート（次頁）

Reflection

> 1. 5〜6人のグループをつくり，それぞれが労働市場のジェンダー格差について調べたことを互いに比べ合って共有します。
> 2. 同じグループで，どのようなライフコースを選んだのかについて，話し合います。
> 3. グループで共有した内容を，グループの代表者が全員に発表します。

Reference（手がかりとなるサイト）

> 内閣府男女共同参画局　男女共同参画白書〈www.gender.go.jp/about_danjo/whitepaper/〉
> 平成17年版 国民生活白書（就労女性の生涯所得）〈http://www5.cao.go.jp/seikatsu/whitepaper/h17/01_honpen/html/hm03010303.html〉

[労働市場におけるジェンダー格差を考える] 記入用シート

1. 日本の労働市場には，どのようなジェンダー格差が存在するでしょうか。

①労働力率（15歳以上人口に占める労働人口の割合）について：
日本の女性の労働力率は？ _____％

②職業就業者別構成比について：
女性が多い職業分野は？ _____, _____, _____
男性が多い職業分野は？ _____, _____, _____

③雇用形態の男女格差について：
正規雇用者の割合は？　　男性：_____％　　女性：_____％
非正規雇用者の割合は？　男性：_____％　　女性：_____％

④男女間賃金格差について：
一般労働者の賃金格差は？（男性一般労働者の平均を100とした場合）　　男性：100　　女性：_____
短時間労働者の賃金格差は？（男性一般労働者の平均を100とした場合）　　男性：_____　　女性：_____

⑤（家事などの）無償労働時間における男女格差について：
正規雇用者の場合は？　　男性：_____時間　　女性：_____時間
パート労働者の場合は？　男性：_____時間　　女性：_____時間

⑥貧困率について：
日本では何人に1人が貧困？　_____人に1人

⑦女性の生涯所得の女女格差について：
正社員まで定年まで就業継続した場合の生涯所得は？
_____円
結婚後退職し，子どもが学齢期になり37歳からパートとして再就職して定年まで働いた場合の生涯所得は？
_____円

2. あなたは，次のうちどのようなライフコースを歩みたいと考えていますか。
① 就職 → （結婚・出産・産休・育休）→ 定年まで就業継続
② 就職 → 結婚・出産 → 退職 → 数年後正社員で再就職 → 定年まで就業継続
③ 就職 → 結婚・出産 → 退職 → 数年後正社員で再就職 → 数年後退職
④ 就職 → 結婚・出産 → 退職 → 数年後非正社員で再就職 → 定年まで就業継続
⑤ 就職 → 結婚・出産 → 退職 → 数年後非正社員で再就職 → 数年後退職
⑥ 就職 → 結婚・出産 → 退職 → 専業主婦
⑦ 留学，転職，起業，家業などを含むその他のライフコース，具体的に：

⇒ 上記のライフコースを選んだ理由：

3-2 労働市場におけるジェンダー格差

①労働力率，性別職務分離，雇用形態，賃金格差

　まず，日本では全体の何パーセントぐらいの人が働いているのでしょうか。男性の労働力率（15〜64歳の生産年齢人口に占める労働人口の比率）が約85％に対して，女性の労働力率は約65％です。これらの労働力率を5歳ごとの年齢階級別グラフにした場合，男性の労働力率はどの国も山形の曲線となり80％前後で安定していますが，日本女性の労働力率は他の主要先進国の女性労働力率よりも低く，特に20〜30代の子育て世代の労働力が落ち込む特徴がみられます（内閣府男女共同参画局, 2015）。中央部が凹んだグラフの形から，M字カーブと呼ばれてきました。ただし経年的に見ると，M字の底の部分が右上に上昇してきました。これは，子どもができた後も子育てと両立させながら仕事を続ける30歳代の女性が増えたことと，昭和50年以降晩婚化・晩産化が進み，子育て期が20歳代後半から30歳代後半に移行したことを表しています。

　次に，人々がどのような産業分野と職業領域で働いているのかを見てみましょう。現代は，女性の第3次産業の従事者が著しく多く80％を超えています。一方，男性は製造業や建設業などの第2次産業従事者が30％台で，女性の倍以上の割合で多いのが特徴となっています。各産業分野を職業別に分類した場合，女性の就業者が多い上位3領域は，事務従事者，サービス職業従事者，専門的・技術的職業従事者の順で，男性の就業者が多い上位3領域は，生産工程従事者，専門的・技術的職業従事者，販売従事者となっています（内閣府男女共同参画局, 2013）。男女を比較して，事務職には女性が多く男性が少ない，生産工程には男性が多く女性が少ないといった男女間の偏りを性別職務分離と呼びます。職業別就業者構成比はその時代の産業構造と関係がありますが，性別職務分離はその時代の男女間の学業専攻分野の偏りと連動しています。職業領域によっては今後女性の参入が増える分野が出てくることが予想されます。

　こんどは，雇用形態について見てみましょう。雇用形態は，正規雇用と，パート・アルバイトや派遣社員・契約社員などの非正規雇用に分類されます。男性の正規雇用者割合は約8割，非正規雇用者割合は約2割に対して，女性の正規雇用者割合約4.5割，非正規雇用者割合は5.5割で，女性の過半数が非正規雇用者として働いている状況です（内閣府男女共同参画局, 2015）。非正規雇用者の問題点は，正規雇用者と比較して同一労働・同一賃金となっておらず，社会保障や福利厚生が不十分な低賃金・悪条件・不安定な雇用形態であるという点です。大学新卒の一括採用を雇用慣行とする日本の企業では，いったん退職すると，一般的に正規雇用者として再就職することが困難になるのです。

　男女間の賃金格差では，男性一般労働者100に対して，女性一般労働者は約72，男性短時間労働者は約56，女性短時間労働者は約50です（内閣府男女共同参画局, 2015；2016）。一般労働者の男女間賃金格差の主要因は，給与の高い職階（役職者・管理職など）に女性が少ない点と，年功賃金が影響する勤続年数が男性より女性のほうが短い点にあります。一方，就労女性の過半数を占める短時間労働者の給与水準が男性一般労働者の約半分という低賃金であることは，男女格差だけでなく，正規雇用の女性と低賃金不安定就労の非正規雇用の女性との間に，女女格差が生じる要因となっています。

②ワーク・ライフ・バランス

　次に，ワーク・ライフ・バランスという視点から労働を考えた場合，仕事と生活をバランスよく両立させることは可能なのでしょうか。フルタイム雇用者の週実労働時間は，女性約42

時間，男性約47時間，パートタイム雇用者の週実労働時間は，女性約27時間，男性約34時間であり，いずれもヨーロッパ諸国と比較すると，日本人の労働時間が長く男女差も大きい現状です。日本の数値は，ワーク・ライフ・バランスや均等待遇の取り組みの遅れを示唆しています。また，正規雇用者の男性の17％，女性の8％が週60時間以上の長時間労働になっている現状や，パート女性の約4割が週35時間以上働く「疑似パート」の現状が報告されています（男女共同参画統計研究会，2015：56）。

このような長時間労働のため，日本の男性就労者の家事時間が女性就労者と比較して特に少なく，欧米諸国の男性就労者の家事時間と比較してもかなり少ないことはこれまでも指摘されてきました。しかしながら，男性パートを除いて，女性も男性も就労者は1日の半分である約12時間にわたって有償労働と無償労働で働いており，女性は雇用形態に関わらず仕事と家事の二重負担を負っていて（特に女性パートの無償労働時間は長く），男性は長時間労働のために家事に参画できない状況が浮き彫りとなっています。

育児休業取得率に関しては，女性正規雇用者は80％台，女性非正規雇用者は約70％近くを保っているものの，男性正規雇用者の育児休業取得率は約2％，介護休業取得率にいたっては男女ともに4％と低く（男女共同参画統計研究会，2015：59），各種休業取得に踏み切れない雇用状況が存在しています。

③格差拡大による貧困率の増加傾向と女性の生涯所得

さて，日本の相対的貧困率が1985年より増加を続けており，現在では，日本人の6人に1人が，そして日本の子ども6人に1人が貧困なのです。特に「ひとり親」現役世帯では，貧困率が約55％と極めて高くなっています。子どもの貧困率については，スウェーデン，アイスランド，デンマーク，フィンランドのような母親の就業率が高い国ほど，子どもの貧困率が低い傾向にあります。日本の母子世帯の平均年間収入は，父子世帯の約3分の2にすぎず，それぞれの正規雇用者と非正規雇用者の間にも，平均年間収入に大きなひらきがあります（男女共同参画統計研究会，2015：91）。賃金や処遇をめぐる男女格差が，ひとり親世帯においては，母子世帯の貧困率の高さという厳しい現実となって反映されており，世代を越えて格差が固定されることが懸念されています。

相対的貧困率が特に高い世帯として，母子世帯と並んで，高齢女性単身世帯があげられます。所得階級別の構成割合をみると，高齢女性単身世帯が低所得層に集中していて，高齢女性単身世帯の約半数が150万円未満の所得ということになります（男女共同参画統計研究会，2015）。高齢女性単身世帯が低所得層に集中している理由として，年金受給額の男女格差があげられます。年金受給額の平均は男性より女性のほうが低く，国民年金で女性の平均年金額は男性の平均年金額の8割で，厚生年金では女性の平均年金額は男性の平均年金額の6割と言われています。そのおもな要因は，男性と比較して，女性就労者の正規雇用者割合が低く，したがって厚生年金への加入率が低いこと（非正規雇用者には厚生年金が適用されない場合が多い），正規雇用者であっても育児や介護のための離職によって就労期間が短くなるため厚生年金の加入期間が短くなることが指摘されています。また，専業主婦の場合は第3号被保険者として保険料負担の義務はなく夫が加入する被用者年金制度でカバーされますが，夫と死別した後は国民年金と遺族年金しか受給できず，それだけの年金額では生活に困る状況となるのです（川島，2015：27-28）。

次に，経済的自立を考える場合の参考として，女性が一生涯に得ることのできる所得について，2通りのシナリオに分けて考えてみましょう。1つ目のシナリオとして，女性が大学卒業

後就職し定年の60歳まで正規雇用者として働き続けた場合，2つ目のシナリオとして，女性が大学卒業後正規雇用者として就職したが28歳で第一子出産のために退職し第二子が6歳の時に37歳でパートまたはアルバイトとして再就職してそのまま定年の60歳まで働き続けた場合，生涯所得はいくらぐらいになるのでしょうか。ある試算によると，前者の生涯所得は約2億7600万円で，後者の生涯所得は4900万円です（内閣府, 2005）。その差額は約2億2700万円で，大卒女性が就職後いったん退職しパート・アルバイトで再就職した場合の生涯賃金の逸失率がいかに大きいかがわかるでしょう。

　正規雇用者と非正規雇用者の生涯所得の格差に驚いたことと思いますが，ここで経済的自立の視点から専業主婦でいることの経済的リスクについてお話ししましょう。「専業主婦」というのは，戦後高度経済成長期の頃までは多くの女性にとって憧れだったといわれています。なぜなら，戦前は大半の女性が農業や家内工業に従事し過酷な長時間労働をしいられていたからです。しかし，高度経済成長期には各企業が男性社員に妻と子どもを扶養できるだけの家族賃金を支給できるようになり，女性は家事と育児に専念できるようになったのです。このような性別役割分業により日本社会が機能できたのは1991年のバブル経済崩壊頃までといえるでしょう。その後，日本経済は低迷期に入り日本人の平均収入は約20年間にわたって減少し続けました。そのような中，専業主婦でいることは，配偶者の収入減，失業，離別（離婚），死別などのリスクを抱えることになります（西尾, 2015：139-140）。もしも，それらのリスクが発生すると，専業主婦の収入源は減少するか無くなることになり経済的困窮に陥る状況となるのです。専業主婦という立場を否定するものではありませんが，専業主婦の経済的リスクを念頭においておく必要はあるでしょう。

④なぜ女性は社会で活躍できないのか

　安定した正規雇用で就業継続をする女性がいる一方，長時間労働を強いられる日本の就労環境では，30代の子育て期に仕事との両立が難しいために離職率が高い状況となっています。いったん離職した女性が再就職する場合は，特に40代以降，非正社員として雇用される率が高く，全体として過半数の女性が，低賃金・悪条件の非正規雇用者として働いているのが現状です。地域によっては，保育所不足も深刻です。これでは，女性が活躍できる社会とは言えません。特に1990年代以降, 低賃金で不安定なパート・アルバイト，契約社員や派遣社員が急増した要因として，企業がグローバル経済の中で生き残るため人件費削減に向けて，日本型雇用システムを否定することなく中核となる正社員を少数精鋭に保ち，規制緩和によって周辺部の非正規労働者を拡大する政策が展開されてきたためと言われています（濱口, 2015）。この増え続けた周辺部の非正規労働を，おもに女性が担ってきたためなのです。周辺部の非正規労働にとどまる限り，昇給も昇格もなく，労働条件に関する意思決定からは最も遠いところにおかれてきたのです。

　ここまで読んで，女性を取り巻く社会情勢について失望した人がいるかもしれません。しかしながら，緩やかではあっても改善の兆しがあること，ジェンダー平等に向けた社会政策や企業の取り組みがあることについて，次節で説明します。

Column 8　先輩からのアドバイス

　ここでは，上野千鶴子氏の『女たちのサバイバル作戦』（2013）から女子学生の皆さんへのアドバイスを取り上げてみましょう。

　アドバイス1．**世帯年収を最大化できるような働き方を選択しよう**。これは夫と妻の働き方の組み合わせを考えた場合，世帯年収を最大化できるのは，正規雇用の妻と正規雇用の夫という組み合わせになります。ただし，夫婦によって就労事情は異なりますから，あくまでもそれぞれの事情に応じてということです。

　アドバイス2．**一人世帯であっても収入源を多角化しよう**。一人だけで生計を立てる場合も，リスク分散の視点から，収入源を1ヵ所だけに頼らず，小額・小規模であっても副収入を得る方法をクリエイティブに模索しようという意味です。

　アドバイス3．**孤立せずに共助けの仕組みを構築しよう**。どのような環境変化にも適応して生き抜けるように，サポートグループをつくって互いの力を活用し，困ったときには共助けができる仲間をつくりましょうというアドバイスです。

　もうひとり，"Why we have too few women leaders" というTEDスピーチとその後の著書『LEAN IN—女性，仕事，リーダーへの意欲』（2013）で世界に向けてメッセージを発信したシェリル・サンドバーグ（Sheryl Sandberg）氏のアドバイスを取り上げましょう。

　アドバイス1．**同じテーブルに着く／自分の雇用上の権利を自覚して交渉しよう**。ここにはアメリカ的な表現が使われていますが，組織の一員としての意識を高め，女性だからといって遠慮したり引っ込み思案にならずに，主張すべきことは主張しようという意味です。

　アドバイス2．**仕事を最後の最後まであきらめないで**。結婚，妊娠，出産，転勤，介護などのライフイベントや問題に遭遇したとき，仕事をセーブしたり簡単にあきらめることはせずに，どのようにすれば意欲的に働き続けられるか，さまざまな選択肢や支援を模索し続けましょう。

　アドバイス3．**配偶者／パートナーを仕事と家事・育児両立の味方につけよう**。どこの国であっても，配偶者やパートナーからの本格的なサポートがないかぎり，仕事と家事・育児を両立させることは不可能です。したがって配偶者やパートナーとは公平に家事・育児を分担しましょうというアドバイスです。

　これらのふたりのアドバイスは，本節で概観した女性にとって容易ではない就労環境と今後の女性活躍推進に対応していることが分かるでしょう。

Activity 10-B　労働市場におけるジェンダー格差をふまえてライフコースを考える

Goal

　日本の労働市場におけるジェンダー格差を理解した上で，自分にとってベストな将来のライフコースについて考える力を養うことを目的とします。

Time

35分（実践15分・リフレクション20分〜）

Procedure

1. 労働市場におけるジェンダー格差について理解できたことと雇用状況の改善策を記入し，それについて自分の意見をまとめます（ワークシート1, 2, 3）。
2. 本節学習後に考えるライフコースついて記入します（ワークシート4）。
3. 育児や介護による離職・再就職を想定して，準備対策を考えて記入します（ワークシート5）。

Tool

- 筆記具
- ［労働市場におけるジェンダー格差をふまえたライフコース］記入用シート（次頁）

Reflection

1. 5〜6人のグループをつくり，それぞれが労働市場のジェンダー格差についてどのように理解したかについて，互いに語り合って共有します。
2. 同じグループで，どのようなライフコースを選んだのかについて，話し合います。
3. さらに同じグループで再就業対策について話し合います。
4. Reflection 2番と3番について，グループで共有した内容を，グループの代表者が全員に発表します。

[労働市場におけるジェンダー格差をふまえたライフコース] 記入用シート

1. 日本の労働市場におけるジェンダー格差において，社会公正の視点から最も問題であると思うものを3つ挙げてください。

2. 上記1番で記述したジェンダー格差についてあなたはどのように考えますか。

3. 雇用状況をめぐって男性も女性も働きやすくまた仕事と家庭を両立しやすくするためにはどのような改善策が考えられますか。

4. 本節で女性をめぐる雇用状況について理解した後では，次のうちどのようなライフコースを歩みたいと考えますか。
① 就職 → （結婚・出産・産休・育休） → 定年まで就業継続
② 就職 → 結婚・出産 → 退職 → 数年後正社員で再就職 → 定年まで就業継続
③ 就職 → 結婚・出産 → 退職 → 数年後正社員で再就職 → 数年後退職
④ 就職 → 結婚・出産 → 退職 → 数年後非正社員で再就職 → 定年まで就業継続
⑤ 就職 → 結婚・出産 → 退職 → 数年後非正社員で再就職 → 数年後退職
⑥ 就職 → 結婚・出産 → 退職 → 専業主婦
⑦ 留学，転職，起業，家業などを含むその他のライフコース，具体的に：

⇒ 上記のライフコースを選んだ理由：

5. たとえば，育児や介護などの理由で離職せざるをえなくなったと仮定します。数年後，自らが希望する働き方で再就職（または起業）をめざす場合，どのような準備や対策が考えられますか。

3-3　ジェンダー平等をめぐる社会政策：女性の活躍推進策と社会保障

　国連は，1979年の総会において女性差別撤廃条約を採択して以来，定期的に世界女性会議（第1回は1975年）を開催して男女平等推進のための行動綱領を策定し，それが世界各国のジェンダーをめぐる社会政策に反映されてきました。たとえば，フランスでは約20年前の国会議員の女性割合は当時の日本と同程度の6％台でしたが，2000年に政治家の候補者を男女同数に義務づけるパリテ法を制定して以来，約20年後の2015年には女性議員割合が26.2％（55位）に増え，日本は9.5％（衆議院議員のみ／153位）にとどまっています（Inter-Parliamentary Union, 2015）。また，子育て中の女性が働きやすい雇用政策の推進により，母親の就労率が半数を超えています。ノルウェーでは1978年に男女平等法が成立し，同法の1988年の改正時には，公的な委員会・理事会・審議会のメンバー構成におけるクオータ制が世界で初めて導入され，女性の社会的地位向上につながりました（内閣府男女共同参画局，2009：70）。ノルウェー社会のあらゆる領域における男女平等関連の法執行および政策促進機関として「平等・差別オンブッド」が監視しています。他の例として，オランダでは1996年に労働時間差別禁止法を制定してフルタイム労働者とパートタイム労働者の間の差別を禁止しました。その結果，女性就労者の出産後の退職者割合が大幅に減少し，労働力確保に成功したといわれています（内閣府男女共同参画局，2009：10）。

　日本は1985年の女性差別撤廃条約の批准に合わせて男女雇用機会均等法や，育児休業法，男女共同参画社会基本法，DV法などを整備してきましたが，世界的なジェンダー主流化の流れからは取り残された状態になっています。それを如実にあらすのが，世界経済フォーラムが2005年から毎年発表しているジェンダー・ギャップ指数（GGI: Gender Gap Index）の順位です。2015年の日本の順位は145カ国中101位で，「女性活用後進国」と呼ばれる状況となっています。これは，社会への男女共同参画度を表す指数として，経済・教育・政治・保健分野の4つの領域からスコアが算出され，0が完全不平等，1が完全平等を意味します。各分野のスコアは，保健が0.979（42位），教育が0.988（84位），経済が0.611（106位），政治が0.103（104位）となっています（World Economic Forum, 2015）。特に政治と経済の分野の順位が低く，具体的には国会議員と企業管理職の女性割合が著しく低いことが，日本のGGI順位を下げる要因となっています。他の国々では，クオータ制を導入して女性政治家を増やし，民間企業ではポジティブ・アクションを推進して積極的に女性を管理職に登用しました。その結果日本は，社会的男女平等達成度を示すジェンダー・ギャップ指数において，多くの国々に追い越されてしまったのです。

①国会議員・企業管理職に占める女性割合

　衆議院議員当選者の女性割合は平成26（2014）年で9.5％，参議院議員当選者の女性割合は平成25（2013）年で18.2％です（内閣府男女共同参画局，2015）。列国議会同盟（IPU）は常に最新の世界の女性議員比率を公表しています。2015年4月のデータでは，世界平均が22.1％（両院），北欧平均が41.5％（一院），アジア平均が18.4％（両院），日本の衆議院は9.5％（475人中45人），参議院は15.7％（242人中38人）で，衆参両院合わせ190カ国中117位です（Inter-Parliamentary Union, 2015）。日本の女性議員の比率が世界平均やアジア平均と比較してもこれほど低い要因として，社会的な壁と選挙制度の壁が指摘されています。社会的な壁としては，主に家事・育児を担ってきた女性は学歴も低く政治参加に必要な経験を積む機会も与えられず人脈を築くことも容易ではなかったためで，選挙制度の壁として，選挙制度が後援会組織に依

拠する自民党候補者と政党・団体の運動に支援された野党候補者が占め，経験や人脈に乏しい女性が割り込むことが不可能であったとされています（五十嵐・シュラーズ，2012：6-9）。

女性の国会議員が1～2割程度しかいないということは，女性約半分，男性約半分で構成される一国の議会政治の場が，8～9割の男性によって独占され男性主導で国のあり方が決定されていくことを意味します。そのような議会では，多様な意見や女性にとって優先順位の高い政策が反映されにくいため，政策決定に歪みが生じる危険性があり，議会への信頼が失われることにつながるのです。

では次に，民間企業における女性管理職の割合はどのようになっているでしょうか。役職者の女性割合には経年的な漸増がみられますが，平成27（2015）年の女性割合は，係長相当が17.0％，課長相当が9.8％，部長相当が6.2％と著しく少ない数値にとどまっています。管理職に占める女性割合においては，主要先進国が30％を超え，日本と韓国は約12％前後と極端に低い数値となっています（内閣府男女共同参画局，2016）。

企業において管理職の女性割合が少ないとどのような状況になるでしょうか。企業の経営や人事に関わる重要な案件を決める立場にあるのは，一般に部長職以上の管理職や役職者です。ここに女性管理職が1割程度しかいない場合，女性が仕事と家庭を両立できるような就労環境の改善策や女性管理職を積極的に登用するといった女性にとって重要な意見が多数派となりにくく，女性の能力を活用できるような職場環境が生まれにくいという状況が続きます。そのような企業では，就業継続を断念する女性が多く，したがって管理職候補となる女性も少なく，女性の声が意思決定に反映されないために女性の就労環境が改善されないという悪循環に陥るのです。すなわち，企業に女性管理職が少ないと，男女間の賃金格差や昇進格差，仕事と家庭の両立支援環境などの働き方のルール作りにプラスの影響を及ぼすことが難しくなるのです。

②女性活用策，女性管理職登用策の始動と展開

これまで述べてきたような女性の社会参画の遅れに対して，近年どのような女性活用策や女性管理職登用策が展開されているかみていきましょう。まず，2012年6月に厚生労働省は「働くなでしこ大作戦」を始動しました。これは，日本経済再生に向けた女性の活躍促進と企業活性化推進のための取組で，中心となる行動計画は，男性の意識改革と実質的な男女機会均等を実現するための積極的改善措置（ポジティブ・アクション）の導入と推進です。ポジティブ・アクションの具体的な取組には，女性の採用を増やすこと，女性が少ない職種や職務に女性を積極的に配置すること，女性管理職を増やこと，仕事と家庭を両立させ長く勤められる就労環境の整備や，男女平等な職場環境・風土の創造などが含まれます。

おもに企業の経営者や人事担当者と，女子学生や働く女性が支援の対象となります。企業への支援事業として，ポジティブ・アクションを推進する企業の公募と表彰や，企業内の男女間格差の「見える化」をするための支援ツールの作成・普及，各企業のポジティブ・アクションの取組など各種情報の提供などが行われています。女子学生や働く女性への支援事業としては，「ポジティブ・アクション情報ポータルサイト」を通した就職に役立つ情報の提供，育児休業や短時間勤務制度など両立環境整備の推進，マザーズハローワークを通した母親の再就職支援，主婦向けのインターンシップ事業などが行われています（内閣府大臣官房政府広報室）。

次に，国際通貨基金（以下IMF）は，ワーキング・ペーパー"Can women save Japan?"（「女性は日本を救えるか」）の中で，日本再生の鍵を握るものとして女性活用策に関して提言を行い，女性活用の経済効果として，女性の労働力率を日本とイタリアを除くG7のレベルに上げれば，1人当たりのGDPが恒久的に約4％上昇するとしています。さらに女性の労働力率を北

欧レベルにまで引き上げれば，1人当たりのGDPがさらに4%上昇すると推計しています（スタインバーグ・中根, 2012）。働く女性が増えれば女性による物やサービスの生産量が増えるだけでなく，女性の所得が増えることで女性による消費も増えるため需要と供給の増加につながり，それらの生産性向上がGDPを引き上げることになるのです。また，女性の就労促進により家計所得が増えることで子育てのための経済基盤ができ，出生率が上昇した先進国の例が報告されています。さらに，より多くの女性が働くことで納税者が増えるという点においても，少子高齢化による労働力不足からくる政府の財源減少を阻止する方法として，特に女性を含む全員参加型の就労が期待されているのです。

これまでの議論の流れから，少子化による人口減少で労働力が不足するため，その埋め合わせとして女性が動員されるのだろうかというように解釈した人がいるかもしれません。そこでもう少し詳しく人口減少と労働力不足と女性の労働参加について検討しておきましょう。ある試算によると，労働人口は2006年の6657万人から2030年には5584万人に減少し，政策的努力により女性や高齢者の労働市場への参入が進んだとしても2030年の労働人口は6180万人で，その間約500万人の労働人口減少が予測されています。そのように女性が「動員」された場合，個人の福祉レベルが下がる可能性についても検討されています。その結果，労働人口の減り方と人口の減り方が同じであれば，人口に占める労働人口の比率が変わらず福祉レベルも低下しない，日本経済にとって問題なのは労働人口そのものの減少ではなく人口に占める労働人口の比率の低下であるとされています（小峰・日本経済研究センター, 2008：24-27）。

続いて，女性活用策と女性管理職登用策について，政府の取組を紹介しましょう。2013年5月に政府主導で女性活用策が提唱されました。たとえば，保育所への待機児童の解消，育休3年の働きかけ，両立支援助成金，管理職への女性登用拡大によって，男女が仕事と育児を両立できる環境づくりをめざすもので，その実現に向けて企業に対するインセンティブが付与されています。

また，2016年4月から女性活躍推進法が施行されています。これにより，労働者301人以上の大企業は，採用者に占める女性比率，勤続年数の男女格差，労働時間の状況，管理職に占める女性比率について課題分析し，女性の活躍推進に向けて，取組内容や数値目標を含む行動計画の策定，外部への公表などが義務づけられるようになりました（厚生労働省・女性活躍推進法特集ページ）。

政府主導で女性活躍推進策がとられている背景として女性の労働力人口を増やすことと経済再生があげられますが，その正当性は次のようなデータによっても裏付けされます。それは女性を積極的に活用している企業ほど業績がよいという調査結果です。具体的には，正社員に占める女性比率が高いほど収益性と将来性の評価が高く，管理職に占める女性比率が高いほど将来性が高く，大卒以上の高学歴の新卒採用に占める女性比率が高いほど収益性が高いという結果です。その要因として，多様な主体が意思決定に参画したほうがより優れた商品やサービス開発が可能になるという点と，女性を活用している企業は時代の変化を先取りした職場のあり方を実現している点が指摘されています（小峰・日本経済研究センター, 2008：28-31）。

どのような企業で女性が活躍しているのかについて，女性情報誌などで，女性が活躍する企業ランキングが公表されています。たとえば，『日経ウーマン』（2016年6月号）の「日本一，女性が活躍する会社ベスト100」の算出においては，管理職登用度，ダイバーシティ浸透度，ワーク・ライフ・バランス度，女性活躍推進度が，評価指標および測定項目として使われています。これらの測定項目には，雇用機会均等施策（前者2項目）と両立支援策（後者2項目）の両方が含まれています。雇用機会均等施策とは，採用や仕事内容，教育訓練，管理職登用や処

遇などにおいて男女格差をなくしていこうとする施策で，両立支援策とは，女性が仕事と育児や介護が両立できるように就労環境をワーク・ライフ・バランスのとれるものやファミリー・フレンドリーなものに整備する施策のことです。女性活躍推進のためには，雇用機会均等施策と両立支援策の両方を同時に充実させることが必要であるといわれています（佐藤，2008）。

③社会保障制度と子育て支援

　社会保障制度とは，私たちが人生で遭遇する経済面や健康面のリスクから生活を守るためのセーフティネットの機能をもつ社会システムのことで，社会保険，公的扶助，社会福祉，社会手当，医療および公衆衛生からなりたっています。特に子育て中の就労女性に密接な関係をもつものとして，保育所，放課後児童クラブ，子育て支援，児童手当てなどの制度があげられます。これらの社会保障の財源は，私たちが働いて得た所得の中から納める税金や社会保険料によって賄われています。したがって，少子高齢化が急速に進む近年において高齢者の人口が増え税金や社会保険を納める労働人口が減少する中，社会保障制度を持続可能な仕組みにしていくことが重要課題となっているのです。

　そこで，社会保障財源と女性就労との関係から次のような試算が提起されています。北欧諸国では結婚・出産後も正規雇用で働き続ける女性が平均7割から8割いるのに対して，日本では4割にとどまっています。もしも日本の女性の7割が北欧並みに正規雇用で定年まで働き続ければ，社会保険料をそれまでより多く徴収でき，社会保障財源が増加するという試算になります（川島，2015：20）。このことは，IMFレポートの提言とも共通する部分があり，女性が働くことで女性自身も恩恵を受け，社会経済を活性化させ，国の経済成長にもつながることになるのです。

　子育て支援をめぐっては，児童福祉法の改正や育児休業制度の改正措置を通して進展がみられます。まず，児童福祉法は2008年の改正時に，新たな子育て支援サービスとして「家庭的保育事業（保育ママ）」「乳児家庭全戸訪問事業（こんにちは赤ちゃん事業）」「一時預かり事業」「養育支援訪問事業」および「地域子育て支援拠点事業」が法制化され，2009年より実施されています。また，現金給付の児童手当も2012年に改正され，子育て中の家庭を経済的に支えています。

　育児休業制度をめぐる改正措置に関しては，2010年からパパ・ママ育休プラス制度ができ，父母ともに育児休業を取得する場合の育児休業取得可能期間が延長できるようになりました。（厚生労働省雇用均等・児童家庭局）。2014年4月からは，育児休業給付金の支給率が引き上げられ，育児休業を開始してから180日目までは休業開始前の賃金の67％が支給されるようになりました。それ以前は50％の支給でした。（厚生労働省・都道府県労働局・ハローワーク）。これらの措置により，特に父親の育児休業取得率の向上が期待されています。

　この本を読んでいる大学生の皆さんは，これからの女性活躍推進時代に社会人として活躍することになります。新しい女性政策に関する情報に対して常に敏感になりましょう。政府や自治体あるいは自分の所属する組織がどのような女性支援策を実施しようとしているのかを知って，自分のライフデザインの中にしなやかに取り入れていきましょう。

Column 9　男女平等をめぐる法整備

　第二次世界大戦後には男女平等の確立に向けたルール作りが進められました。国連憲章では「人種，性，言語または宗教にかかわらず，万人の人権と基本的自由を尊重すること」が掲げられています（第1条3）。日本国憲法も「すべて国民は，個人として尊重される」（第13条）と規定し，また「すべて国民は，法の下に平等であって，人種，信条，性別，社会的身分又は門地により，政治的，経済的又は社会的関係において，差別されない」（第14条）として，男女平等・性差別の禁止を定めています。

　男女平等の実現に向けた国際的な取り組みが続けられた結果，1979年の第34回国連総会において**女子差別撤廃条約**が採択されました（内閣府男女共同参画局ホームページ）。この条約は政治・教育・雇用・保健・文化などのあらゆる分野における男女平等の実現と女性差別の撤廃を目的とし，条約の締約国にはそのために必要な立法を含む措置をとることが求められます。雇用については，労働の権利・雇用機会・昇進・報酬などに関する男女の平等と，婚姻・妊娠・出産を理由とする女性差別の禁止が定められています（第11条）。日本は1985年に条約を締結しました。

　それまで日本では労働基準法の第4条によって男女同一賃金の原則が定められていたものの，賃金以外の労働条件について性差別を禁止する規定がなかったため，女子差別撤廃条約の締結のために同じ1985年に**男女雇用機会均等法**が制定されました（大沢，2002；高橋，2008）。均等法の制定当初は定年・解雇に関する女性差別が禁止される一方，募集・採用や配置・昇進における均等待遇は経営者の努力義務にとどまりましたが，1997年の法改正によって募集・採用，配置・昇進も含め雇用管理のすべてのステージにおける女性差別が禁止されました。その後，2006年の法改正により，合理的な理由なしに一定の体格や転勤を労働者（求職者）に求めることが一方の性に不利益をもたらす場合，間接差別にあたるとして禁止事項に加えられました。同時に，男性に対するものも含めてセクシュアル・ハラスメントを防止するための措置をとることが経営者に義務付けられています。さらに2013年には施行規則が改正され，間接差別の禁止対象の拡大，結婚を理由とした性差別の禁止，セクシュアル・ハラスメントの予防・事後対応の強化などが決められました（厚生労働省ホームページ）。

　この他に，1999年には**男女共同参画社会基本法**が制定されました（内閣府男女共同参画局ホームページ）。男女共同参画社会とは「男女が，社会の対等な構成員として，自らの意思によって社会のあらゆる分野における活動に参画する機会が確保」された社会です（第2条1）。その実現にあたっては，男女が性別にとらわれずに個人として能力を発揮できるようにすること（第3条），そのために社会の制度や慣行が固定的な性別役割分担意識を生み出さないよう配慮すること（第4条），男女が政府や民間団体の方針決定に共同参画すること（第5条），男女ともに家庭生活とその他の活動とを両立できるようにすること（第6条）などが定められています。2001年から内閣府には内閣官房長官を議長とする男女共同参画会議が設置され，基本方針の立案など男女共同参画を推進する役割を担っています。

（尾玉　剛士）

Activity 11　ジェンダー平等をめぐる社会政策を理解する

Goal

> まず，ジェンダー平等をめぐる社会政策の一環として，どのような女性活躍推進策や社会保障制度の整備がすすめられているのかについて理解することを目的とします。そのうえで，自分が社会の一員として働くことが，社会とどのようにつながるのかについて考えることをめざします。

Time

> 50分（実践25分・リフレクション25分～）

Procedure

> 1. 女性政治家と女性管理職が少ない問題点について，自分の意見をまとめます（ワークシート1, 2）。
> 2. 女性活躍推進のために有効な社会政策について考えて記入します（ワークシート3）。
> 3. 出産後に必要な両立・就労支援について記入します（ワークシート4）。
> 4. 女性の就労率上昇とGDP効果について考えて記入します（ワークシート5）。
> 5. クオータ制とポジティブ・アクションの効果について，自分の意見をまとめます。（ワークシート6）

Tool

> ● 筆記具
> ● ［ジェンダー平等をめぐる社会政策の理解］記入用シート（次頁）

Reflection

> 1. 5～6人のグループをつくり，それぞれが女性政治家と女性管理職が少ない現状についてどのように理解したかについて，互いに語り合って共有します。
> 2. 同じグループで，どのような女性活用策が有効かについて，話し合います。
> 3. さらに同じグループでクオータ制とポジティブ・アクション導入の可能性と効果について話し合います。
> 4. Reflection 2番と3番について，グループで共有した内容を，グループの代表者が全員に発表します。

［ジェンダー平等をめぐる社会政策の理解］記入用シート

1. 政治家の女性割合が1割程度と極端に少ない場合，なぜそれが問題となるのでしょうか。

2. 企業の管理職の女性割合が1割程度と極端に少ない場合，なぜそれが問題となるのでしょうか。

3. より多くの女性が能力を発揮して社会で活躍できるようにするために，あなたはどのような政策が有効だと考えますか。

4. 出産を機に約6割の女性が仕事をやめるといわれていますが，子どもがいても仕事を続けるためにどのような支援や職場環境が必要でしょうか。

5. 女性の就労率が上がるとなぜGDPが上昇するのでしょうか。

6. 女性の政治家を増やすためにクオータ制（政治システムにおける割り当て制）を導入することについて，および，企業の女性管理職を増やすためにポジティブ・アクション（積極的改善措置）を導入することについて，あなたはどのように考えますか。

3-4　女性によるリーダーシップ：リーダーシップを身近なものに

　前節で見たように，これからの男女共同参画社会ではさまざまな領域において，男性だけでなく，女性もリーダーシップを発揮していくことが期待されています。それに呼応するかのように，近年，リーダーシップという言葉をよく聞くようになりました。リーダーシップ育成プログラムも目にするようになりました。言葉としては身近で，存在としては遠いような「リーダー」とはどのような人で，「リーダーシップ」とはどのようなことを意味するのでしょうか。

　リーダーシップ研究の歴史は長く，リーダーシップ理論も数多く存在しますので，机上のリーダーシップ理論からリーダーシップについてある程度知ることはできます。リーダーシップの概念を正しく理解することは大切です。しかし，リーダーシップを身につけるためには，たとえ小さくても身近なことでも，リーダーシップを発揮する実体験を積み重ねていくしかないのです。そして，もしそのような機会が訪れたら，自分にはできないと考えずに，それを自己成長の機会と捉えて，どのようにしたら自分らしくリーダーとして貢献できるのか挑戦してみることが重要です。

①リーダーシップ発揮の原動力

　ところで，リーダーシップを発揮することができる原動力は何なのでしょうか。そこには，この問題を解決したい，この現状を変えたいという燃えるような，その人を突き動かすような強い目的意識が存在します。たとえば，マザー・テレサは，路上でだれにも看取られずに死んでいく人があってはならない，自分は最も貧しい人々に仕えるのだという強い信念のもと，「神の愛の宣教者会」（Missionaries of Charity）を創設して世界中の社会的弱者の救済に多大な影響を与えました。ナイチンゲールは，19世紀の英国において病人には不衛生で劣悪な環境の中，見張り番しかいなかった状況の変革をめざして，近代看護学を確立しました。このふたりは信仰心が厚く神の声を聞いたとされていますが，リーダーシップ発揮のきっかけは，マザー・テレサの場合はインドでの経験であり，ナイチンゲールの場合は，思春期の村人への慰問体験であり，さらに強い動機となったのは，クリミア戦争時の陸軍病院での悲壮な体験でした。英国初の女性首相マーガレット・サッチャーの場合は，1979年就任当時，斜陽の国といわれ衰退の一途をたどっていた英国経済の再建が，首相としての最大の目標でした。

　続けて，もう少し身近で現代の例で見てみましょう。ある女性市長の場合は，その街を花と緑溢れるだれもが笑顔で暮らせる街にしたいという目標をもって，環境や教育や福祉を充実させる施策を打ち出し，「汚職の街」と呼ばれていた街から若い人々が引っ越したくなる街に変貌させました。また，ある女性は，自分が勤めていた会社で妊娠時にマタニティー・ハラスメント（マタハラ）にあったことがきっかけで，世の中からマタハラをなくすことをめざして組織を立ち上げ，人々の意識改革に貢献しています。別の女性は，将来リーダーシップを発揮できるグローバル人材を育てたいという熱い思いで，巨額の資金集めに成功し，日本で初めての全寮制のインターナショナル・スクールを開校しました。さらに，ある母親は，1年間で娘の偏差値を40上げ名門大学への合格をサポートし，子どもがもつ可能性について人々に再認識させ，同時に，危機的状況にあった家族5人の関係を改善させました。この母親の目標は，娘に幸せになってほしい，いつも笑顔でいてほしいという願いと娘の可能性を信じ続けて寄り添うことで，娘と家族に対して「静かな」リーダーシップを発揮したのでした。その他にも事例はたくさんありますが，企業や組織の管理職として業績をあげたリーダーの場合は，そこに達成すべき企業目標があったでしょうし，皆さんの中で，たとえば部活動のキャプテンとして，クラブ

活動を活性化させたりスキルを向上させたようなリーダー経験がある場合，どのようなクラブにしたいかという目標があったにちがいありません。

ここまで，リーダーシップ発揮の背後には，その原動力として強い目的意識があることを説明しましたが，リーダーシップを発揮するためには，一国の首相や，会社の社長である必要はありません。肩書きがなくても職場での小さな部署や，地域のコミュニティ，大学のゼミ・クラブ・サークルなどのグループ，そして家庭においてなど，さまざまなレベルでリーダーシップを発揮することができるのです。

②リーダーシップ発揮のプロセス

では，次にリーダーシップが発揮されるプロセスを見てみましょう。図 3-1 は，「リーダーシップ創出モデル」で，リーダーシップが生み出されるプロセスを説明しようとするものです。これは，リーダーシップが発揮されるメカニズムを考えるためのモデルとして，日下の「生きがい創造モデル」（日下，2011，本テキスト 13 頁）の考え方をもとに修正し構築したものです。まず，日下モデルの人生目標をリーダーとしての目標に置き換え，図の中央部分を，リーダーシップを発揮するための場（組織，環境，状況）として設定し，その場の中でリーダーとしての目標達成に向けてどのような資質・習慣・スキルを発揮してメンバーに影響を与えているのかを特定すること（「メンバーへの影響力」：斜めの軸）を分析概念に加え，自己の能力への信頼，可能性の下の部分に，自信の源になったものは何かという項目を追加して構築したものです（三宅，2013）。

先ほど例に挙げたマザー・テレサとナイチンゲールが，なぜ，どのように，リーダーシップを発揮することができたのかについて，リーダーシップ創出モデルを使って説明してみましょう。まず，マザー・テレサの場合ですが，図 3-1 の「自己」にマザー・テレサが入ります。縦軸の「価値」の中には，深い信仰をとおした人々への愛，または博愛が入ると考えられます。そして，「リーダーとしての目標」は，最も貧しい人々に仕えることです。横軸の「能力への信頼，可能性」に関しては，信仰心や豊富な知識，信念が，マザー・テレサの自信の源となって，自己の能力への信頼を増幅させ可能性が広がっていったと推測されます。この時点で，モデルの中の縦軸と横軸の概念およびリーダーとしての目標が特定されました。これらの 3 者には力関係があり，相互に密接に連動しています。たとえば，価値が明確でその思いが強いほど，縦軸の意欲が上方向に増します。また，自信源となる要素が豊富で自己の能力への信頼度が強い

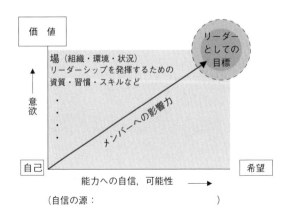

図 3-1　リーダーシップ創出モデル

ほど，将来の目標達成に希望がもて，可能性が横軸の右方向に広がっていきます。したがって，「自己」「価値」「希望」を結ぶ三角形ができますが，この三角形がいくら大きくなっても，リーダーとしての目標には届きません。リーダーとしての目標に近づくためには，自身の資質や習慣やスキルを駆使してまわりの人を巻き込んで協力してもらう必要があるのです。たとえば，マザー・テレサは，使命感，情熱，思いやり，勇気，忍耐力，自律心，謙虚，忠実といった資質をもっていました。また読書の習慣から得た豊富な知識をもっていましたし，手紙をこまめに書く習慣もありました。さらに意外に思われるかもしれませんが，マザー・テレサはスキルの点では，交渉力に長け，資金調達力があり，現場主義に徹し，看護の知識と技術も修得し，積極的な実行力を通してローマ法王をはじめとして各国政府，地域のNGOや一般の人々を動かし目標達成に必要な協力を得ることができたのです。このように，前者の「自己」「価値」「希望」と「場」（斜めの軸）における自己の資質・習慣・スキルによる働きかけを通してメンバーの力が総合的に連携されると，自己の資質や習慣やスキルが豊富で有効なほど，その目標達成に関わる人々に対してプラスの影響を与えることができ，「リーダーとしての目標」に近づく推進力が高まるのです。

　次に，ナイチンゲールの場合は，リーダーシップ発揮のプロセスをどのように説明できるでしょうか。まずナイチンゲールの「リーダーとしての目標」は，近代看護学の確立であり，「価値」は，病人への看護を通した社会貢献であり，自己の「能力への信頼」を強めた自信は，長年にわたる看護に関する勉学の自己研鑽努力によって生み出されたと考えられます。ナイチンゲールの意欲と自信はマックスに達していましたが，最終的な目標達成に至るまでの最も重要なプロセスは，クリミア戦争後，英国議会を巻き込んだ英国陸軍の医療衛生改革でした。その状況下で英国議会のメンバーに対して，ナイチンゲールは論理的思考力，文書作成能力，統計的分析力，交渉能力，経営的洞察力，管理能力，人脈を駆使して目標達成への障害を突破していきました。その結果，当時の首相や陸軍大臣を始めとして英国議会の協力を取り付けることができ，陸軍兵舎の改善，陸軍統計局の発足，軍医学校の開設，陸軍医務局関係の法規改正につながったのでした。さまざまな困難な状況の中で，彼女の使命達成の推進力となったのは，何よりもその熱意と献身と粘り強さでした（三宅，2013）。

③リーダーシップとは
　一般に，リーダーとしての目標は，その人が所属する組織やグループの目標でもあるのです。その目標が達成されるようメンバーの1人ひとりにやる気と各自の力を発揮してもらうようにリーダーは影響を与えるのです。その結果，目標を達成して成果を出すことができてはじめてリーダーシップを発揮したと言えるのです。つまり，リーダーシップとは影響力であり，誰に対してであるかというと，他のメンバーに対してであり，何のための影響力かというと，組織・グループの目標を達成するための影響力なのです。したがって，専門的には「リーダーシップ」は，「組織のなかで，誰かの行動に影響を与えようとすること … 一般的には，人々とともに働き，あるいは人々の仕事を通して，彼らの目標や組織の目標を達成するために，その仕事ぶりに影響を与えること」（ジガーミら，2009：170）と定義されています。ここでいう組織やグループの規模は，数人のものから大人数の大規模なものまでさまざまです。また，1人の人がある時にはリーダーとなり，別の時には目標達成に向けて他のリーダーと協働するフォロワーになります。

　リーダーシップを発揮するためには，情熱，誠実，タフ・粘り強さ，公平，優しさ，謙虚，自信といった資質が必要であると言われています（Adair, 2011：48）。しかしリーダーシップの

発揮の仕方には多様なスタイルがあります。その一例を挙げると，よく知られているカリスマ的リーダーシップや管理的，戦略的リーダーシップに加えて，静かなリーダーシップやファシリテーター型リーダーシップやサーバント・リーダーシップなどがあります。リーダーシップは先天的に備わっているものではなく，練習や体験を通して身につけることが可能であり，男性であっても女性であっても身につけることができ，自身の資質を生かしてリーダーシップを発揮することができるのです。

④まず自己リーダーシップを育てよう

　リーダーシップを発揮するためには，自己の資質やスキルを駆使して周りの人々に影響力を発揮し，一緒に目標達成ができるように協力してもらう必要があります。図3-2にあるように，リーダーの影響力が広範囲に及ぶほど，より大きなリーダーシップ（影響力）が必要とされます。そして影響力を及ぼす人々からの信頼がなければ，だれも協力してくれないでしょうし，リーダーシップは成立しません。したがってより大きなリーダーシップを発揮するということは，より多くの人々から信頼されるということになります。

　図3-2は，リーダーから他者への影響と他者からリーダーへの信頼の関係を表したもので，影響と信頼の円の中心に位置するのが自己で，その自己が人々から信頼されてはじめて影響力を発揮するリーダーとなれるのです。では，その自己は，人々からの信頼にあたいする自己でしょうか。人から信頼される自己になるためには，自己調整を行う自分自身を導くために自分に対してリーダーシップを発揮する必要があるのです。それが自己リーダーシップと呼ばれるものです。まずは自己リーダーシップを確立して，それを基盤として，目標達成に向けて，より多くの人々へと影響力が及ぶ範囲を広げていくのです。

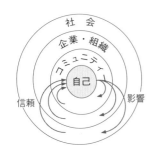

図3-2　リーダーから他者への影響と他者からリーダーへの信頼

　自己リーダーシップの重要性を説くコヴィー（S. R. Covey）は，個人の信頼性を高めることが人間関係を築くうえでの基礎であり，信頼性のある自己リーダーシップ（セルフ・リーダーシップ）の基盤があってはじめて，チームや組織のリーダーシップが発揮できるという立場をとっています（コヴィー，2005：67-85）。

　ここで強調したいのは，広義でのリーダーシップの中核をなす部分が自己リーダーシップであるという点です。自分の行動や自分の心のあり方を導く自己リーダーシップは，良心を基軸として責任感と誠実さをもって行動を起こすことができる自己のことです。まずは自己リーダーシップを育てるために自己管理能力を養うことを心がけましょう。

⑤リーダーシップの発揮に向けて

　皆さんの中にもクラブや生徒会・学生会などでリーダーシップを発揮した経験がある人もいるでしょう。リーダーシップには試行錯誤がつきもので，あるグループでうまくいったことが他のグループでうまくいくとは限りません。失敗の経験から学んでいくことのほうが多いのです。ですから，学生時代にさまざまな経験をつんでおきましょう。大学卒業後必ずみなさんの出番がやってきます。自己リーダーシップを磨きながらその時を待ちましょう。

Activity 12 リーダーシップ体験を振り返る

Goal

> リーダーシップ体験を振り返ります。リーダーシップが発揮できたかどうかということよりも，リーダーシップ発揮のプロセスを理解したうえで，過去のリーダーシップ体験を俯瞰的に振り返り，それをもとに改善点を考えることで学習力を高めます。

Time

> 40分（実践20分・リフレクション20分〜）

Procedure

> 1. これまでにどのようなリーダーシップ体験をしたか，あるいは，リーダーとしての体験がない場合は，自ら主体的に夢中になって取組んだ体験（自己リーダーシップ）について記入します（ワークシート1, 2）。
> 2. （自己）リーダーシップ発揮のプロセスにおける工夫や障害について記入します（ワークシート3）。
> 3. （自己）リーダーシップ体験の自己評価を行います（ワークシート4）。
> 4. 過去の（自己）リーダーシップ体験の改善点を記入します（ワークシート5）。

Tool

> - 筆記具
> - ［リーダーシップ体験振り返り］記入用シート（次頁）

Reflection

> 1. 5〜6人のグループをつくり，それぞれのリーダーシップ体験とその評価と改善点について，互いに語り合って共有します。
> 2. グループで共有した内容を，グループの代表者が全員に発表します。

［リーダーシップ体験振り返り］記入用シート

1. 小学校入学以来，今までの大学生活を思い出してください。その中で，学級委員長や，クラブの部長，課外活動のリーダー，学生会の委員，グループ・プロジェクトのリーダーとして経験したこと，あるいは自ら主体的に取組んだこと（自己リーダーシップ）があれば，具体的に書いてください。

    役職名／取組み：＿＿＿＿＿＿＿＿＿＿＿＿＿，何年生の頃：＿＿＿＿＿＿＿＿＿＿＿＿＿

    役職名／取組み：＿＿＿＿＿＿＿＿＿＿＿＿＿，何年生の頃：＿＿＿＿＿＿＿＿＿＿＿＿＿

2. それぞれ，どのような役割／取組みでしたか？

3. その役割／取組みで，工夫したり苦労したのはどのようなことですか？

4. あなたは，その役割／取組みにおいて効果的に（自己）リーダーシップを発揮できたと思いますか？できた場合，あるいはできなかったと思う場合の理由を考えて書いてください。

5. 今のあなたが，それと同じ役割／取組みにおいて，さらに効果的な（自己）リーダーシップを発揮すると仮定した場合，どのような工夫をしてどのようなことを心がけますか。

Activity 13 リーダーシップ発揮のミニ演習

Goal

　身近な問題に主体的に取組むリーダーとしての基本的な姿勢を育むことをめざします。具体的な目標とリーダーシップ発揮の場を設定して，自分の強みを活かしながら，どのようにリーダーシップを発揮することができるかについて考えます。

Time

40分（実践20分・リフレクション20分〜）

Procedure

1. 次の学期にリーダーシップを発揮する場（グループ）を決めます（ワークシート1）。
2. リーダーシップ創出モデルの図を完成させます（ワークシート2）。
3. 完成させたリーダーシップ創出モデルを分かりやすく説明します（ワークシート3）。
4. 自分の強み（資質・習慣・スキル）を通したメンバーへの影響の与え方が，どのリーダーシップ理論に当てはまるか考えます（ワークシート4）。
5. リーダーシップを発揮しているロール・モデルについて考えます（ワークシート5）。

Tool

- 筆記具
- [リーダーシップ発揮のミニ演習] 記入用シート（次頁）

Reflection

1. 5〜6人のグループをつくり，各自の次の学期のリーダーシップ発揮計画と，リーダーシップの発揮の仕方について，話し合います。
2. グループで話し合った内容を，グループの代表者が全員に発表します。

［リーダーシップ発揮のミニ演習］記入用シート

1. 来学期，あなたがリーダーシップを発揮できるグループを，選択肢の中から1つ選んで，以下の記入欄に書いてください。

　［クラブ，サークル，同好会，ゼミ，授業での短期プロジェクトグループ，大学のイベント，大学の寮，友人仲間，バイト先の仕事，兄弟姉妹，家庭，その他（　　　　）］

　_____におけるリーダーシップ
　構成メンバーの数（　　　　）人

2. 上記のグループでリーダーシップを発揮することを想定して，次のリーダーシップ創出モデルの図を完成させてください（<u>目標</u>：リーダーとしての目標，<u>価値</u>：その所属メンバーとして活躍する場合の価値，<u>資質・習慣・スキル</u>：どのような資質やスキルを使ってメンバーと目標を達成しようとするのか，<u>自信の源</u>：あなたの今の自信の源は？）。

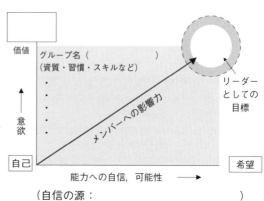

3. 完成させたリーダーシップ創出モデルを説明してください。特に何を目標として，どのような強み（資質・習慣・スキル）を使ってメンバーを巻き込んでいくのか，具体的に説明してください（リーダーとしての目標が価値を充たしていることに注意）。

4. あなたのリーダーシップ・スタイル（資質・習慣・スキルの使い方）は，ファシリテーター型リーダーシップ，サーバント・リーダーシップ，静かなリーダーシップ，戦略的リーダーシップ，「女神的」リーダーシップ（65頁，Column 10参照）のいずれかにあてはまりますか。あるいは，それ以外のスタイルでしょうか。

5. あなたの周りでリーダーシップを発揮している女性の中にお手本にしたいと思う女性はいますか。その人はだれで，その人のどのようなところを見習いたいですか。

Column 10　リーダーシップ理論の変遷と応用実践

　リーダーシップ理論の変遷において，20世紀初頭までは優れた個人に焦点を当てた「偉大な人物理論」が主流でした。しかしながら20世紀前半になって，この理論ではどのような状況においてもリーダーシップ発揮の要因となるような特質を限定できないため，リーダーにはフォロワーとは異なる特質や性格が備わっているという「特質理論」や，行動科学の視点から効果的なリーダーシップとそうでないリーダーシップの違いについて説明しようとする「状況的理論」が提唱されました。ところが，行動科学的アプローチを用いても，ある状況では効果的なリーダーシップも別の状況ではなぜ効果的ではないのかが説明できないという問題点が残りました。

　20世紀後半には，バーンズ（Burns, 1978）によるトランスフォーメーショナル・リーダーシップ理論が主流を占めるようになりました。組織の変革をめざすトランスフォーメーショナル・リーダーシップ理論は，組織内の業務を執行するためのトランスアクショナル・リーダーシップ理論とはリーダーがめざす組織目標が異なるものとして構築されました。次に，トランスフォーメーショナル・リーダーシップにおけるフォロワーの役割が重視されるようになり，リーダーとフォロワーの関係が研究対象に加えられました。タイラーとリンド（Tyler & Lind, 1992）は，フォロワーが力のあるリーダーに従うのは，意思決定プロセスが公平でありリーダーがフォロワーを公平に扱った場合であることを論証しました。

　その後，認知および構成主義的アプローチが登場しましたが，リーダーシップ研究の分野にグランドセオリーが存在しない現状において，諸理論は統合の方向に向かっているともいえます（Sorenson & Goethals, 2004：867-873）。

　多様なリーダーシップ理論の中から私たちが応用して実践できそうなものを以下に挙げておきます。

- ファシリテーター型リーダーシップ：会議，チーム，組織などを，ファシリテーションスキルをとおして中立的な立場でチームのプロセスを管理し，チームワークを引き出し，そのチームの成果が最大となるように支援するようなリーダーシップのことです（リース, 2008）。
- サーバント・リーダーシップ：傾聴，共感，癒し，気づき，説得，概念化，先見力，執事役をとおして人々の成長に関わり，コミュニティづくりに貢献するようなリーダーシップを指します（グリーンリーフ, 2009）。
- 静かなリーダーシップ：組織の目標達成に向けて，自制，謙遜，粘り強さをとおして，静かに慎重に小さなステップを実行し，大きな問題を解決するのに貢献するリーダーシップを意味します（バダラッコ, 2002）。
- 戦略的リーダーシップ：戦略的意思決定，将来ビジョンの創造とその伝達，組織構造の構築，統括，管理，効果的組織文化の維持，組織文化への倫理観の注入などの行動をとおして，組織の目標や機能，規模を変革するようなリーダーシップのことです（Boal & Hooijberg, 2000）。
- 「女神的」リーダーシップ：決断力，自立的，分析的，プライドといったいわゆる「男性的」な資質よりも，表現力，柔軟，忍耐強い，直感的，情熱的，共感力，利他的といった「女性的」資質に基づくリーダーシップのことで，現代のビジネスにおいても政治においても個人の人生においても有効であるとされています（ガーズマ・ダントニオ, 2013）。

Chapter 4　自己を越えた次元へのいざない

　このChapterでは，私たち人間をはるかに越えた存在に目を向け，聖書やさまざまなキリスト者の見解を紹介しながら，働くこと，仕事や生き方を選ぶこと，そもそも人が生きるとはどういうことなのかについて考えてゆきます。人間という小さな存在を越えた世界を表現する方法にはいろいろなものがありますが，このChapterでは，キリスト教，特にプロテスタント・キリスト教の立場から論じたいと思います。キリスト教では，神は，人間の思いでは測り知ることのできない超越者，宇宙の創造者ですが，同時に，私たち人間の苦悩と弱さのただ中に降りてこられ，私たちと共にいてくださる「愛なる神」でもあると考えます。また，自己超越の世界へと私たちを導き，それへの「通路」となる存在がイエス・キリストです。
　今日私たちは，これまでの価値観や社会構造が大きく変化する時代に生きています。戦後日本経済の高度成長期には「一億総中流」ということばがもてはやされ，サラリーマンとその妻，子どもたちといった日本人の生活の標準的モデルがありました。しかし，21世紀に入った現在，もはや日本人の大多数がそれに従って安心して生きられるような「標準的生き方」のモデルは存在しません。
　そのような社会で生きてゆくためには，非正規雇用，転職などを含めたさまざまな危機と変化の経験を繰り返しつつ，その都度多様な選択肢の中から自らの人生を選択してゆくのが，現実的な人生予測ではないでしょうか。今日の日本では，私たち一人ひとりが主体的，自覚的に人生をデザインしてゆくことが求められているのです。
　今日の日本社会における有期非正規雇用労働者の増加は，企業の人件費削減などによる構造的な問題です。正規雇用（正社員雇用）は管理職や基幹労働者のみとされ，それ以外の人々はパートやアルバイト，派遣社員など有期の非正規雇用者として採用されるのです。非正規雇用者は賃金，賞与，昇給や昇格が不安定で限定されており，通常退職金や年金もないことから，しばしば将来にわたって不安定で予測がしにくい生活をしなければなりません。児美川はこのような日本社会の現状について，「現在の新卒労働市場の状況からするならば，どんなに頑張っても，どんなに努力しても，正社員にはなれない層が一定の割合で存在する」（児美川，2013：146）と述べています。
　このように多様な生き方，働き方が求められる中，私たちは，自分はどうして働くのか，いつどのような形で，何のために働くのかという「働くことの価値や意味」を問いかけながら生きてゆくことが求められているといえるでしょう。

●ライフ・デザインの中心軸
　皆さんは，「自分はこのように生きてゆきたい」「これを大切にして生きてゆきたい」という自分の生き方の方向性について考えてみたことがあるでしょうか。そのような自分の基本的価値観や望み，あるいは自分の強みについてある程度の自覚があれば，たとえ転職や失職という

人生の危機に直面しても，次にどうしたらよいかを考える中心になる軸や安定した価値観・人生観をもっていられるでしょう。

キャリア研究の領域では，アメリカの心理学者で経営管理論の大家エドガー・シャイン（E. H. Schein）によって，個人のキャリア人生を方向づける，船の碇（いかり）のような「キャリア・アンカー（career anchor）」の重要性が提唱されています。彼の本の訳者金井壽宏によれば，キャリア・アンカー（長期的な仕事生活の拠り所）とは，仕事との接点で本人が自覚している「能力，欲求，価値」という3側面を統合した「セルフ・イメージ（自己像）」であり，仕事の上での変遷を通して「『自分としては絶対に捨てたくない』コア（核）」となるものです（シャイン，2003：95）。

シャインは次のようにいいます。

> あなたのキャリア・アンカーとは，あなたがどうしても犠牲にしたくない，またあなたのほんとうの自己を象徴する，コンピタンス[1]や動機，価値観について，自分が認識していることが複合的に組合わさったものです。自分のアンカーを知っていないと，外部から与えられる刺激誘因[2]の誘惑を受けてしまって，後になってから不満を感じるような就職や転職をしてしまうこともあります。（シャイン，2003：1）

このように「キャリア・アンカー」は，自分が望んだ仕事に就くことができなくても，転職を繰り返したとしても，自らを振り返ってもう一度自分のこれからの生き方を考えることのできる拠り所となるものですが，キャリア・アンカーを探るとき同時に，「ライフ・アンカー」とでもいうような「私たちの人生そのものの拠り所」，別のことばでいえば中心軸は何なのかについても考えてみることも大切ではないでしょうか。そしてそれを，このChapterで考察するような，精神性・宗教性の視点から考えてみてはいかがでしょうか。人々の価値観が大きく転換しつつある現代，生き方の中心軸のない人生を送る人は，激しく変化し続ける社会の中で自分を見失ってしまうかもしれません。

以上のような観点から，私たちの人生の究極的な「価値」の問題や，私たちの生き方を支える根本的な「生きる意味」の問題に焦点を当て，キリスト教の視点から考えてゆくのがこのChapterの目的です。

4-1　働くことの意味を探る

以前，授業でこのような問いかけをしたことがあります。「あなたは何のために働きますか？」。一番多かった答えは，「お金」「生きるため」でした。次に，このようにたずねました。「ではもし，一生働かないで暮らしていけるお金があるとしたら，あなたは仕事をしませんか？」。この問いかけに，学生たちは考え込みました。そして，その結果多くの学生が，「いやそれでも私は働くだろう」と答えたのです。このことは，単に金銭的報酬以上の「何か」があるからこそ人々は働くのだ，働くことに喜びを見出せるのだということを示唆しているように思います。ではその「何か」とは何なのでしょうか，なぜ私たちは仕事をするのでしょうか，そもそも私たちが働く意味，ひいては生きる意味とはどんなものなのでしょうか。

---

[1] 有能さや成果を生み出す能力。
[2] 報酬や肩書きなど。

現在私が教えているキリスト教主義の大学では日々「聖書」を，私たちの魂の糧，ものを考えるひとつの拠り所として学んでいきます。聖書は，キリスト教の正典であるだけではなく，世界中で最もたくさん読まれている人類の古典的遺産でもあります。聖書は，生きることや働くことの意味について，私たちに何を語っているのでしょうか。

①創世記の創造物語から

ここでは，旧約聖書の最初の文書「創世記」の最初に置かれている天地創造の物語は，働くことについてどのように語っているかを見てみましょう。

まず目を引くのは，「安息日」という考え方です（聖書の引用について，本書では新共同訳『聖書』(2015年度版) 日本聖書協会 [編] を用います）。

> 天地万物は完成された。第七の日に，神は御自分の仕事を完成され，第七の日に，神は御自分の仕事を離れ，安息なさった。この日に神はすべての創造の仕事を離れ，安息なさったので，第七の日を神は祝福し，聖別された。これが天地創造の由来である。（創世記, 2：1-4a)

キリスト教では，週の最初の日，日曜日を安息日つまり休息の日としています。私たちが日々の忙しさの中で自分を見失いそうになるとき，週に一度はそのような忙しい生活を中断し，仕事から解放されて自らの生活を顧みる日が必要です。この週に一度の休息の日は，人間が仕事のためだけに生きているのではないこと，週に一度は仕事を離れて私たち人間のあり方にまなざしを向けることが必要なこと，そして私たちの生活の中心軸は究極的には神にあることを思い起こす日だと言われています（クラーマー, 2006：47-48 他）。また，週に一度は仕事からの休息を取るべきだという戒めが存在する事実それ自体が，人間は本来働くものなのだというこの物語の見解を示しているとも考えられます（リチャードソン, 2012：41）。

②人間に与えられた使命

> 主なる神は人を連れて来て，エデンの園に住まわせ，人がそこを耕し，守るようにされた。（創世記, 2：15）

天地創造物語（創世記, 2：15以下）によると，地上の楽園といわれた「エデンの園」においても，人間に与えられた「つとめ」はあったということになっています。聖書によると，世界を創造された神は，人間が神のこの世での働きに参加することを期待し，そのため人間に「働くという使命」を与えました（ブルッゲマン, 1998：92 他）。人間は神とともに世界のために働く尊厳ある存在として，エデンの園を「耕し，守る」（創世記, 2：15）ことを神から委託されたのであり，人間の労働はもともと神の意図に応えるものだということです。

では，創世記のこの物語は，私たちに何を伝えようとしているのでしょうか。このエピソードが語ろうとしているのは，私たち人間にとって労働は，この世界とともに生きるために当然携わらなければならない人間の生活の本質的な一部であり，本来は人に健全な喜びをもたらすものだということではないでしょうか（リチャードソン, 2012：43-44 他）。ここで語られている労働は，後にアダムの罪によって人間に課される「労苦や苦役」としての労働ではなく，人間の尊厳および主体性の表現だとも言えるでしょう。労働によって，人間は世界に参加する存

在になるのです。

③人間の神への離反

しかし，創世記の記述はこれには終わりません。創世記において人類の祖として描かれるアダムとエバの神への離反によって，労働の性格が一変したからです。

アダムとエバは，旧約聖書の創世記に描かれた最初の人間です。天地創造の最後に，神によって創造されました。彼らはエデンの園に住み，そこには食用に適した実をつけるあらゆる木がありました。ところがアダムとエバは，蛇の誘惑に負け，「これだけは食べてはいけない。死んでしまうから。」という神の戒めを破って「善と悪を知る木」の木の実を食べてしまいます。

> その日，風の吹くころ，主なる神が園の中を歩く音が聞こえてきた。アダムと女が，主なる神の顔を避けて，園の木の間に隠れると，主なる神はアダムを呼ばれた。
> 「どこにいるのか。」
> 彼は答えた。
> 「あなたの足音が園の中に聞こえたので，恐ろしくなり，隠れております。わたしは裸ですから。」
> 神は言われた。
> 「お前が裸であることを誰が告げたのか。取って食べるなと命じた木から食べたのか。」
> アダムは答えた。
> 「あなたがわたしと共にいるようにしてくださった女が，木から取って与えたので，食べました。」
> 主なる神は女に向かって言われた。
> 「何ということをしたのか。」
> 女は答えた。
> 「蛇がだましたので，食べてしまいました。」（創世記，3：8-13）

私は，この「木の実を食べた」という神への背信行為の結果アダムとエバがどのように振る舞ったか，どのようにして自分たちの行為を正当化しようとしたかに注目したいと思います。アダムは，「あなたはどこにいるのか」と神に呼びかけられても答えることができません。自分の犯した過ちに対する罪の意識のため不安と恐れにとらわれ，木陰に身を隠しました。そもそも，神が「どこにいるのか」とアダムに問われたこと自体，アダムが本来自分のいるべき「居場所」を失ってしまったことを暗示しています。アダムは自分の伴侶であるエバを悪者にし，そしてまたエバは「蛇がだましましたからです」と，自らの過ちを蛇のせいにして責任を回避し，自分を正当化しようとします。二人のこの自己中心性，自己愛，エゴイズムから産み出された，人間と神，人間同士の関係の破綻とそこから生まれる孤独や虚無こそが，聖書が語ろうとしている人間の「罪」の結果だと言えるのではないでしょうか。

そもそも，聖書で言う「罪」という言葉のもともとの意味は「的外れ」です。つまり，聖書で言っている罪とは，単に不道徳な行為や規定違反の行為を指すのではなく，「的外れな生き方」「本来的あり方から逸脱した存在」を意味していると言えます。人は，自分たちの生命を産み出した神に反逆したとき，自らの「命の根源」から切り離され，人間としての本来のあり方から疎外されてしまいました。

このようなアダムとエバの振る舞いを見て，神は彼らに向かって厳しい言葉を投げかけられ

ました。(創世記 3：17-19)

> 神はアダムに向かって言われた。
> 「お前は女の声に従い　取って食べるなと命じた木から食べた。
> お前のゆえに，土は呪われるものとなった。
> お前は，生涯食べ物を得ようと苦しむ。
> お前に対して　土は茨とあざみを生えいでさせる
> 野の草を食べようとするお前に。
> お前は顔に汗を流してパンを得る
> 土に返るときまで。
> お前がそこから取られた土に。
> 塵にすぎないお前は塵に返る。(創世記，3：17-19)

　聖書によると，このときから大地は呪われ，もはやその豊かな果実を簡単には人間に与えなくなったとされています。人間の神への背信行為によって神と人間との関係に亀裂が走ったとき，本来は神に祝福されていたはずの大地と人間との無垢な共同関係は終わりました。今やアダムは，家族の生活を支えその日のわずかな食べ物を得るために苦労して土を耕さなければならなくなり，人間にとって労働は過酷な「苦役」となったのです（フォン・ラート，1993：144-148）。

④旧約聖書の創造物語から学べること
　以上見てきたように，旧約聖書の創造物語では，働くことは本来人間が神から委託された生活の重要な機能（リチャードソン，2012：40）であり，神は人間を本来，労働を通してこの世に参加して生きる存在として創られたとされています。顔に汗して働くことは，人間にとって必然的で，本来的に健全なものです。また，労働は単に金銭的報酬だけと結びつけられるものではなく，この世的価値を超越した深い意味をもっていると言えるでしょう。人間は，働くことなしには，自分の物質的な必要はもちろん，精神的，霊的な要求をも充たすことができないのです。
　しかし一方で，創造物語は，労働の暗黒面も強調します。労働はしばしばつらく苦しいものだというのは，私たちの実感です。聖書はこのことを，人間の「神への背信」「自己中心性」（聖書はそれを「罪」と呼びます）によって労働は人間にとって苦役となったとしています。神の意思に反抗した人間の行為の結果として「茨とあざみ（創世記，3：18）」がこの世の中に生い茂り，人々の健やかな生活を蝕みました。人間と神との関係の破綻が，人と自然の，ひいては人間どうしの敵対と闘争と搾取，殺戮をもたらしたのです（リチャードソン，2012：46 他）。

⑤新しい生き方を切り開く
　フランスに生まれたユダヤ人の哲学者で，キリスト教に惹かれながらナチ占領下のフランスでレジスタンス運動に参加したシモーヌ・ヴェイユ（S. Weil）は，若いとき，工場労働者の労働がどのようなものであるかを実際に体験したいと望み，自動車工場などで日雇い労働者として働きました。工場での過酷な肉体労働は，生来不器用で身体が弱かった彼女に想像を絶する疲労と苦痛をもたらしました。彼女はこの経験を書き留めた日記の中で，過酷な肉体労働のもと，労働者の考える力が麻痺させられ，人間性が破壊されてゆく現実を描いています。

> こういう生活がもたらすもっともつよい誘惑に，わたしもまた，ほとんどうちかつこと
> ができないようになった。それは，もはや考えることをしないという誘惑である。それだ
> けが苦しまずにすむ，ただ一つの，唯一の方法なのだ。(ヴェイユ，1986：52)

　近年大きな問題としてとりあげられているいわゆる「ブラック企業」の過酷な労働の現実を考えるとき（今野，2012；笹山，2008），ヴェイユのこのことばは，今に至るまで私たちの社会のリアルな現実のように思えます。ブラック企業では，新卒者を採用し，企業にとって使える人材だけが生き残ってゆけるような過酷な働き方をさせます。そして，その中で十分な成果が出せない人には，いじめやパワハラなどのさまざまな手を使って彼らが自ら辞めてゆくように仕向けるのです。加えてもっと深刻なのは，このような過酷な労働環境のもとにあるのは一部の人々だけではなく，今日の日本では現在，多くの労働者が低賃金，長時間労働という問題をかかえながら働いているということです。

　ドイツのプロテスタント神学者ドロテー・ゼレ（D. S. Sölle）は，人間は罪をおかしたが，労働それ自体の価値もまた神や人を愛し喜びをもって働く人間の能力も，完全に破壊されたわけではないと述べます。私たち人間には，神がこの世を創造してゆくわざに参与し，この世界をよりよいものにするために人々と共同して働くことが期待されているのです（ゼレ，2006：120–130）。

　大学における将来のライフデザインの準備とは，単に職業や仕事を見つけそれに適応して生きることを最終目的とするのではありません。社会の中で自分にふさわしい役割を発見し，社会のいとなみに主体的で自由な人間として参加して生きてゆくにはどうしたらよいか，自らの人生を有意義なものにしてゆくにはどうしたらよいか考えることが，ライフデザインを考えることの目的だといえるでしょう。

　その意味では，いわゆる目の前の「就職活動」に精を出して成功することがライフデザインの最終目標ではありません。過酷で非人間的な労働環境に過剰に「適応しよう」とするだけでは，人間として幸せに生きることはできない現実があります。

　現在の労働市場にいかに「適応」するかを考えるだけではなく，従来の枠組みを超えて，自分で新しい生き方，働き方を創り上げることも考えてみてはいかがでしょう。

Activity 14　仕事をめぐる価値観

Goal

自分は仕事をめぐってどのような価値観をもっているかを探ってみよう。

Reflection

1. ［仕事をめぐる価値観］記入用シートの問いについて考えてみよう。
2. 5～6人のグループをつくり，それぞれが自分の仕事をめぐる価値観について気づいたことを話し合います。
3. 話し合いの結果グループで共有した内容を，グループの代表者が全員に発表します。

Activity 15　今日の社会の中で人間らしく生きるには

Goal

　雇用をめぐる昨今のさまざまな厳しい状況の中で，自分はどのように自分らしい，人間らしい生き方，働き方を創ってゆきたいかを考えてみよう。

Reflection

1. ［今日の社会の中で人間らしく生きるには］記入用シートの問いについて考えてみよう。
2. 5～6人のグループをつくり，それぞれがどのようなことに気づいたか，どうしたいと考えているかを話し合います。
3. 話し合いの結果グループで共有した内容を，グループの代表者が全員に発表します。

［仕事をめぐる価値観］記入用シート

1. あなたは働くときに何を優先しますか？　また，自分のキャリアに何を求めていますか？（例：十分な収入を得たい・リーダーになりたい・一生働きたい・勤務時間が定められているのがよい・休暇を十分とれるのがよい・興味のある仕事をしたい・人を支援する仕事をしたい・いろいろな場所で働きたい・実力によって評価されたいなど）

働く場所：

収入：

働く時間・期間：

休暇：

責任の大きさ：

仕事の内容：

好きなことであること：

やりがい：

仕事の社会的意義：

以上のうち，一番大切なものは何ですか。それについて理由も書いて下さい。

その他，気づいたことを自由に書いてください：

_____

_____

_____

2. 仕事やキャリアに対する自分の価値観を書いてみて，自分の傾向や特徴に気づいたことがあれば，以下に書き出してみましょう。

_____

_____

_____

_____

［今日の社会の中で人間らしく生きるには］記入用シート

1. 今日の日本社会における有期非正規雇用労働者の増加や，いわゆる「ブラック企業」の過酷な労働の現実，女性が置かれた雇用状況について調べてみましょう。

_____

_____

_____

_____

_____

_____

_____

2. あなたは，以上のような社会状況の中で，どのように自分らしい，人間らしい生き方，働き方を創ってゆきたいと思いますか？

_____

_____

_____

_____

_____

_____

3. 以下の文献を参考にして考えてみましょう。

- 今野晴貴（2012）．『ブラック企業―日本を食いつぶす妖怪』文芸春秋社
- 西條剛央（2012）．『人を助けるすんごい仕組み―ボランティア経験のない僕が，日本最大級の支援組織をどうつくったのか』ダイヤモンド社
- 笹山尚人（2008）．『人が壊れてゆく現場―自分を守るために何が必要か』光文社
- 諸富祥彦（2013）．『私は何のために働くのか―「働く意味」と自分らしい働き方を考える』日本能率マネジメントセンター

4-2　生きることの意味を探る

　第 1 節では，私たち人間は，働くことを通して社会の営みに参加すると述べました。また決して人間的な状況にはない今日の日本の労働市場の現状についても考えてみなければならないことを指摘しました。この節では，そのように厳しい労働状況の中で生きてゆくために，私たちはどのような価値判断をもって人生を選んでゆけばよいのかを，イエスの教えを中心に考えてみたいと思います。

①今日の日本における雇用と若者

　心理臨床家の諸富は，現代日本を「時代の流れに身を任せていては，生活の糧を得ることも難しい時代」と表現し，その中で生きる若者たちは，自分がなりたいものを見つけて「生活力」を身につけなければと教える「キャリア教育」（結局，多くはサバイバル教育）による心理的重圧と，そうはいっても自分がなりたいものが分からない，という自分の現実への焦りという 2 つのプレッシャーに引き裂かれていると述べています。その結果，多くの若者は，自分はだめだという自己否定に陥っているというのです（諸富，2013：22-32）。

　このような社会に生きる私たちは，社会で起こっていることを自らの目で批判的に考察することが大切です。やり直しのきかない現在の日本の硬直した就活システム，転職やフレキシブルな働き方など様々な選択の機会の少ない仕事社会，企業での過酷な労働と増える過労死など，現在の日本社会には数々の問題点があります。このような日本の現実の中で，私たちは，いったいどのように仕事を選んでゆけばよいのでしょうか。ここで，まなざしをもう一度「聖書」へと向けてみましょう。

②隣人への愛のわざ

　イエスにとって「働く」ということは，単なる経済活動ではなく，この世の中に神の愛の支配する新しい世界を実現すること，自分のなすべき使命に携わることを通してそのよう生き方を実現することでした（東方，2001：98-99）。イエスは，人が生計をたてるために携わるさまざまな「仕事」や「職業」それ自体にはあまり関心を示していません。イエスにとっては，どういう「仕事」をするか，どういう「職業」に就くかということが問題ではなく，どういう「生き方」をするかということが重要だったと言えます。

　イエスは，自分だけのためではなく，神と隣人との関係の中で生きる新しい生き方へと私たちを招いています。人々に神から与えられた恵みに感謝して，隣人への愛のわざとして働くことを勧めています。私たちの仕事は，それ自体が目的ではなく，私たちが与えられた日々のめぐみに感謝し，この世の不正と闘い，この世を改革し，自分だけのためではなく，神のため，他者のため，共同体をよくするために働くことが究極の目標なのです。私たちはみな，そのような世界を創り出す生き方へと呼ばれているといえるでしょう。

Chapter 4 自己を越えた次元へのいざない

Activity 16　マタイによる福音書 20：1–15「ぶどう園の労働者」のたとえ

Goal

「ぶどう園の労働者」のたとえを読んでそのメッセージについて考える。

Procedure

マタイによる福音書20：1–15にある以下のたとえ話を読んで，ひとりでまたグループで考えてみよう。

「天の国は次のようにたとえられる。ある家の主人が，ぶどう園で働く労働者を雇うために，夜明けに出かけて行った。主人は，一日につき一デナリオンの約束で，労働者をぶどう園に送った。また，九時ごろ行ってみると，何もしないで広場に立っている人々がいたので，『あなたたちもぶどう園に行きなさい。ふさわしい賃金を払ってやろう』と言った。それで，その人たちは出かけて行った。主人は，十二時ごろと三時ごろにまた出て行き，同じようにした。五時ごろにも行ってみると，ほかの人々が立っていたので，『なぜ，何もしないで一日中ここに立っているのか』と尋ねると，彼らは，『だれも雇ってくれないのです』と言った。主人は彼らに，『あなたたちもぶどう園に行きなさい』と言った。夕方になって，ぶどう園の主人は監督に，『労働者たちを呼んで，最後に来た者から始めて，最初に来た者まで順に賃金を払ってやりなさい』と言った。そこで，五時ごろに雇われた人たちが来て，一デナリオン※ずつ受け取った。最初に雇われた人たちが来て，もっと多くもらえるだろうと思っていた。しかし，彼らも一デナリオンずつであった。それで，受け取ると，主人に不平を言った。『最後に来たこの連中は，一時間しか働きませんでした。まる一日，暑い中を辛抱して働いたわたしたちと，この連中とを同じ扱いにするとは。』主人はその一人に答えた。『友よ，あなたに不当なことはしていない。あなたはわたしと一デナリオンの約束をしたではないか。自分の分を受け取って帰りなさい。わたしはこの最後の者にも，あなたと同じように支払ってやりたいのだ。自分のものを自分のしたいようにしては，いけないか。それとも，わたしの気前のよさをねたむのか』」。

※デナリオン　ローマ帝国時代の通貨。小さな銀貨で，おおむね労働者の１日の賃金。

Reflection

1. [仕事をめぐる価値観] 記入用シートの問いについて考えてみよう。
2. ５〜６人のグループをつくり，それぞれがこのたとえ話についてどう考えたかを話し合います。
3. Reflectionについて，グループで共有した内容をグループの代表者が全員に発表します。

[仕事をめぐる価値観] 記入用シート

1. ぶどう園のたとえ話を読んでどう思いましたか？ あなたはこの結論に納得できますか？ 「わたしはこの最後の者にも，あなたと同じように支払ってやりたいのだ」と言って，1時間しか働かなかった労働者にも1日働いた労働者と同じ賃金を支払った主人の振る舞いについてどう思いますか？ 気づいたこと，考えたことを，以下に書いてみましょう。

大学の授業で，このたとえ話を読み，質問について話し合いました。授業での学生の感想のうちから代表的な意見のいくつかを要約してご紹介します。あなたの感想はどうでしたか？

【神の愛による1デナリオン】
- 主人はどういう意図で1時間しか働かない人にも，1日中働いた人にも，同じだけの賃金を与えたのか不思議で，正直違和感があった。しかし考えてみると，神は，働きたくても誰からも雇ってもらえない人に対して，愛による1デナリオンを与えたのではないか。
- この話のぶどう園では，働きたい人には仕事が与えられ，能力や性別で差別もされず，報酬も同じだけもらえるとされる……なんと，現代よりは平等ではないか。

【さまざまな立場・視点から考えることの大切さ】
- 初めは，朝早くから働いた労働者の立場からしか考えていなかった。しかし，主人の見方，夕方から働いた労働者の置かれた状況など，さまざまな立場から見ることで考え方が変わることに気づいた。
- 働きたくても働けない人など周りの隣人のことを考えることで，自分も人間として幸せになれるし，そういう気持ちの余裕をもつことで周囲もみな豊かに幸せになれるのではないかと思った。

【不平等な現実社会】
- ぶどう園の話の中で，夕方まで人が何もせず待っていたのは，仕事がなくてそうするしかなかったからではないか。このように労働の不平等という状況は，現実の社会にも雇用問題として存在している。日本国憲法で保障される最低限の生活を誰もができる社会をつくるために，社会を変えてゆく必要があると思う。
- 最初はこの話を不平等だと感じたが，そう感じるのは，自分に欲が出てきた時なのではないかと気づいた。自分の働き量を考慮してほしい，どんな自分でも雇ってほしいという「欲」が，この社会のさまざまな不平等を生み出しているのではないか。
- 夕方まで雇ってくれる人がいないというのは社会の仕組みに問題があると思った。今の世の中がどれだけ他の人と仕事を取り合う競争社会なのか……広場で待っているだけでは仕事がやってくることはない時代なのだ。

イエスが語られたこのたとえ話は，「同じ労働に対しては平等な賃金が支払われるべきだ」という近代的な考え方とはまったく異なる価値観を示しています。実は，この話は労働の対価についての話ではなく，「神の国」「いのちの値」についてのたとえ話であり，神は作業量や業績によって私たちを評価するのではないと言おうとしています。私たちは1時間しか働かなかったにもかかわらず，神からはまる1日暑い中を辛抱して働いた人たちと同じように愛されている，必要とされているという神の愛のメッセージを伝えようとしています。神の愛からの視点は，人間のそれとはまったく異なっているのです。

Column 11　プロテスタント宗教改革と職業観念

　宗教改革以前，中世ヨーロッパのカトリック教会は，聖職者を中心とした公的な礼拝によって統一された共同体でした。当時は，神からの特別な使命を与えられるのは聖職者のみだと考えられていました。そして聖職者は基本的に修道院のうちにとどまり，一般の信徒と聖職者，聖と俗の世界は厳密に区別されていたのでした。それに対して，16世紀ドイツに始まったプロテスタント宗教改革のリーダーたちは，キリスト者がいかにこの社会の中で生きて神に仕えるかを問題にしようとしました。この世から隔絶された修道院の中ではなく，自分たちの日常の生活のただ中に信仰生活を確立することが大切だと考えたのです。

　ドイツの宗教改革者マルティン・ルター（M. Luther：1483–1546）は，「召命」と言う概念を聖職者，修道者に限定せず，一人ひとりが信仰による神の恵みに

図4-1　マルティン・ルター
ルーカス・クラナッハ画（1529年）

よって神から，一般の職業においても召命を受けていると考えました。世俗の職業生活や日常の労働に積極的な宗教的意義を見出し，世俗の職業にも神の「召命」があると考えたのです。ルターは，すべての正当な職業が神の前に平等であり，キリスト者としての義務を果たすために修道院に入って世俗から離れた生活を送る必要はないと考えました。私たち一人ひとりが神から与えられた世俗の職業に従事し，与えられた責任と義務を果たすことが，神から与えられた隣人への奉仕，ひいては神への奉仕であると説いたのです。労働は神と隣人のためになされるもので，世俗の職業も宗教的な奉仕も，キリスト教の観点から見れば同じ価値があると見なしました。ルターは，人々が世俗の職業に従事することに対して精神的，霊的に意味づけをしたと言えるでしょう。このルターの考え方が，近代的な職業観形成の契機となったと言われています。さらに，フランスの宗教改革者でジュネーブの宗教改革に携わったジャン・カルヴァン（J. Calvin：1509–1564）は，ルターの職業観を発展させ，世俗の職業に従事することは神の栄光のために献身することであるとしました。

　社会学者マックス・ウェーバー（M. Weber：1864–1920）が，1904年，名著『プロテスタントの倫理と資本主義の精神』の中で，西洋近代資本主義を推進した職業倫理とプロテスタンティズム，特にカルヴィニズムの「エートス」（倫理的心理態度）とが深く関わっていることを論じたことはよく知られています。彼は，営利の追求や贅沢な浪費に厳しい制限を設けて勤勉や倹約を奨励したプロテスタントの禁欲的で合理的な生き方を「世俗内禁欲」「生活合理化」と呼び，それがいかに近代資本主義精神の発展に貢献したかを論じました。

4-3 呼びかける声に応える

　コラム10で触れたように，プロテスタント宗教改革者マルティン・ルターは，すべての人に神からの「召命（しょうめい）」がある，私たち一人ひとりが神からの呼びかけに応えて日々の仕事に従事し，その責任を果たすことが神から与えられた愛の奉仕の業であると説きました。この第3節では，キリスト教のスピリチュアリティ（精神性・宗教性）の専門家であり心理学者でもあるジョン・ニフシー（J. Neafsey）やキリスト者で教育学者のパーカー・パーマー（P. J. Palmer）らの著作に学びながら，私たちが自分の天職ともいうべき働きを模索し，心から喜びを感じる仕事や生き方に出会うためにはどうすればよいのかを考えます。

①キリスト教における天職（Vocation）

> 神がわたしたちを救い，聖なる招きによって呼び出してくださったのは，わたしたちの行いによるのではなく，御自身の計画と恵みによるのです。（テモテへの手紙二 1：9a）

　働くことの意味や価値は，仕事の重要性や社会的地位，金銭的報酬の多い少ないによってだけ決定されるのではありません。日本語ではその人の能力や性質にふさわしい職業のことを，天から与えられた仕事として「天職」と呼びますが，では，キリスト教から見た場合には，「天職」とはどういうものでしょうか。

　中世までの西欧世界においては，人が神から宗教的な使命に呼ばれて聖職者になるときに，「召命」という言葉が使われました。神父などの聖職者に任じられる人々は，神から「呼ばれ」「召命を受けた」人々であり，神からそのような使命へと招かれた人々だと考えられたのです。

　しかし，時代とともに「召命」の概念は変化を遂げました。16世紀ドイツに始まるプロテスタント宗教改革の中心的人物マルティン・ルターは，それまでの理解を大きく広げ，その言葉は世俗の職業にも当てはまると考えました。パン屋も靴屋も等しく，仕事を通して神の呼びかけに応えていると考えられたのです。神に喜ばれる生活，隣人愛を実践する生活を営むためには，各人が世俗生活での自らの義務を遂行すべきだとされました。現在「vocation」ということばは広く「職業」という意味をもっていますが，その際でも特定の職業や生き方に神から導かれた「使命感」や使命をもって従事する「神からの召命」「天職」といった宗教的含みをもったことばとして使われます。

②天職は「生き方」の問題

　キリスト教で天職という場合には，単にある特定の職業やキャリアを意味するのではなく，広い意味では，家族生活，社会生活，創造的活動，そして政治活動など，私たちの生活のすべての局面に影響を与えることがらを指します。私たちが生きるうえで従事するあらゆることが，天職という考え方とつながっているのです。キリスト教で「天職に生きる」ということは，単に「何を仕事にするか」ということではなく，「どのように生きようとしているか」「人生にどのような使命（ミッション）を感じているのか」，また「人生で何をしようとしているのか」ということを示唆すると言えるでしょう。

　その意味では，天職は，必ずしも狭義の「仕事」を意味しません。ましてや，大学卒業時に新卒でどこかに正社員として就職しなければ人生は失敗だ，負け組だとか，人はすべてキャリアの成功をめざすべきだというような考え方と，キリスト教の天職の考え方とは，相容れない

ものです。

③天職は「わたし」の問題であるとともに「わたしたち」の問題

　また天職は，単に「わたし」だけの問題ではなく，「わたしたち」，すなわち「公共の利益」の問題でもあります。自分の好きなことや興味あること，また自分に与えられた能力や才能に合った仕事を見つけることは無論大切です。しかし，イエスが「隣人を自分のように愛しなさい」（マタイ，22：39）「あなたがたは地の塩，世の光である」（マタイ，5：13以下）と説いたように，天職を求めるときには，「わたしがこの世界に望んでいること」だけではなく，「この世界がわたしから必要としているもの」が何なのかに気づいてゆくことも大切ではないでしょうか。ニフシーは，天職を発見してゆくためには，自分の気持ちによく耳を傾けることと同時に，私たちが住んでいる世界の現実に向き合い，そこで実際に起こっていることに関わって耳をすませることが必要だと述べています。「自分のこころ」と「社会の現実」——この2つにバランスを保ちながら耳を傾けることが，天職について考えるときの重要なポイントであり（Neafsey, 2013：1），これら2つが一人の人の生き方において1つになるとき，そこに天職が見出されるのです。

④一人ひとりに与えられている「ギフト（たまもの）」

> ……わたしたちの一つの体は多くの部分から成り立っていても，すべての部分が同じ働きをしていないように，わたしたちも数は多いが，キリストに結ばれて一つの体を形づくっており，各自は互いに部分なのです。わたしたちは，与えられた恵みによって，それぞれ異なった賜物を持っています……（ローマの信徒への手紙, 12：4-6a）

　「職業」とくに「天職」を意味する英語「vocation」は，もともとラテン語の「声（voice）」「呼ぶこと」を意味する言葉から来ています。私たちの「魂に語りかけられる声」こそが，英語の「天職」のもともとの意味であり，本来私たちが耳を傾けるべき「呼び声」なのです。パーマーは，私たちがこの人生において「何をやりたいか」ではなく，むしろ「人生が私は何者であると語りかけてくるか」ということにこそ，真剣に耳を傾けなければならないと説いています（Palmer, 2000：4）。自分の心に語りかけて来る小さな声，自分の人生に起こってくるさまざまな出来事に注意深く耳を傾け，それが一体何を意味しているのか，私たちに何を伝えようとしているのかに気づいてゆく——ここから天職へと導かれる道が始まるのです。

　パーマーはこのことを表現して，天職（vocation）は，「達成するべき目標」ではなく「受け取るべきギフト」だと言います（Palmer, 2000：10）。聖書によると，私たちにはすべて，神からそれぞれ生得のギフト（贈りもの，天賦の能力，才能，たまもの）が与えられています。一見どんなにささやかに見えることでも「ギフト」だということができます。なぜなら「ギフト」の大切さは，人間の価値観に基づいて決まるのではないからです。私たちは，一人ひとり違います。それぞれみな違った「ギフト」を与えられているのです。

⑤かけがえのない存在として神に愛されている私たち

　このように一人ひとり違ったギフトを与えられた私たちですが，共通しているのは，私たちすべてがありのままで神から愛され，受け入れられているということです。神の目から見れば，私たち一人ひとりがすべて，かけがえのない価値をもった存在なのです。弱いとか強いとか，能力があるとかないとか，そのようなことは神の目から見たときには問題になりません。

私たちは，若いときには，親や周りの期待に応え社会に適応するために，本来の自分ではなく人々の期待という小さな枠に自分をはめ込むようにと教育され，本来もっている神からの「ギフト」を捨ててしまいがちです。しかし，キリスト教において天職は，私たちが「自分ではない何か」に無理に変わろうとすることによって手にするものではありません。反対に，神から与えられた自分の「ギフト」を生かし，本当の「わたし」になってゆくことのなかで見出されるのです（Palmer, 2000：10-12）。

⑥3つの問いかけ
　では，どうしたら自分が天職に向かって正しい道を歩いているということが分かるのでしょうか，またその判断基準はいったい何でしょうか。
　神からの呼びかけに従うときに考慮すべきことがらして，喜びがあること（喜び），自分にできることであること（能力），そして人々が私たちに望んでいること（奉仕）という3点について考えてみたいと思います（Neafsey, 2013：43-45）。
　第1点は，それをやっているときや，そのことを考えたときに「喜び」を感じるかどうかということです。そのことに夢中になれますか，これだけはどうしても譲れないという気持ちになりますか，またそれは自分にとって本当に大切なものですか。次に第2点目は，自分に与えられている才能や能力に合ったものであるかということです。あなたにできること，得意なことは何ですか，それによってあなたの「強み」を活用できますか，それをやるための周囲の現実的状況はどのようなものですか。そして第3点は，自分がやろうとすることが誰から必要とされていますか，誰のためになっていますか，誰に喜びを与えられますか，地域や共同体のためになりますか，人々のニーズに答え世界のために貢献することができますかという点です。
　ニフシーは，もし，自分が生き方において正しい方向に進んでいるならば，直感的に「正しい道を進んでいる」「本当の自分とともにある」と感じるものだと言います（Neafsey, 2013：38）。迷ったときには，自分がとろうとしている選択や行こうとしている方向に関して，それが確かなものであるという直感，これだという「身体の感覚」を感じられるかどうかが鍵になります。かつてみなさんは，何か新しいことに挑戦したとき，たとえ多少のリスクがあっても，直感的に「自分は正しい方向に踏み出している」と思えるときがあったのではないでしょうか。ニフシーは，このようなときこそが「天職」との邂逅のときであり，そのような生き方との出会いこそが，私たちが意味ある人生を生きるための基礎となるのだと述べています。

⑦静かな呼び声に耳を傾ける
　それでは，天職を見出し心に語りかける声に従って生きるとき，私たちはどのような態度をとればよいのでしょうか。また，そもそも人はいったい誰から「呼ばれる」のでしょうか？
　キリスト教の観点から見れば，私たちを「呼ぶ声」は神の声です。私たちの小さな自我を超越したはるかに大きな存在から聞こえてくる声が，私たちを天職へと導いてゆくと考えられます。パーマーは次のように言います。

> 　天職は，自分の思い通りに振る舞うことからではなく，聴くことから始まる。自分の人生に耳を傾け，自分がなりたいと思っていることはとりあえず置いておいて，人生が私に何をやるように語りかけてくるかを理解しようとしなければならない。さもなければ，たとえ私たちがどれほど真摯な意図を持っていたとしても，この世において本物を生み出す人生を生きることはできないだろう。(Palmer, 2000：4（執筆者訳))

では，このような「神からの呼び声」ともいうべき声に耳をすますために，私たちはいったい何をすればよいのでしょうか。
　古くからあるキリスト教の「祈り」は，わたしたちが注意深く耳をすまし，自覚的に神の声を「聴く」ための方法です。祈りは，普通考えられているのとは違って，必ずしも「願いをかなえる」とか「問題を解決する」ために「役に立つ簡便な方法」ではありません。祈るにあたって大切なことは，危機の時，迷ったときにこそいったん立ち止まり，日常の雑事から離れて「沈黙」を守り，今この瞬間自分に語りかけて来る神の声に静かに耳を傾けることなのです。
　神の言葉を聴くためには，私たちは黙らなければなりません。頭のなかで常にしゃべり続ける自分の声を鎮めなければなりません。魂は，静かで居心地が良くて安心できる状況のもとでこそ，その真実を語りかけてきます（Palmer, 2000：7）。私たちが深くリラックスし，自分の心の動きに注意深くいられる状態にあるときにささやきかけてくる「小さな声」こそが，私たちが耳を傾けるべき「呼び声」だと言えます。何かを「する」ことをいったん意図的にやめて，沈黙を守り，心の奥の深いところから聞こえてくる大いなる声を受け入れようとする受容的な態度，受け身の姿勢をとることが鍵です。そのようにして気持ちが平和になった時，私たちは，それまでのこだわりやとらわれから自由になり，ものごとを新しい目で見つめることができるようになります。そして，私たちの中や周りで，いつもさまざまな大切なこと，感謝すべきことが起こっていることに気づくのです。
　この祈りのプロセスは，何ヵ月も，ときには何年も続きます。ポイントは，毎日の生活の中に，わずかな時間でいいので，リラックスして心を静め自分を見つめる時間をもつことです。自分自身と対話する時間を毎日意識的にもち，ていねいに自分を見つめます。そうすれば，自分の意思を超えたところから，「神の声」ともいうべき大切なメッセージが聞こえて来るかもしれないのです。

⑧人々と連携しよう
　ここまでは主として神に祈り，自分をみつめることを学んできましたが，「声」は必ずしも自分を見つめることのなかからだけ聞こえてくるのではありません。世界中の人々の苦しみや悲しみを通していつも私たちを呼んでいる声を，苦しんでいる人々，悲しんでいる人々，貧しい人々や抑圧されている人々の叫びの中に，あるいは東西の古典と呼ばれる書物や偉大な人々の生き方の中に，聞き取ることができるのです。
　ニフシーは，「良心」も，「神の声」のひとつの表現だと言っています。良心は，私たちが，何が正しく何が間違っているかを区別するのを助けてくれます（Neafsey, 2013：7）。彼は，9.11アメリカ同時多発テロやイラク戦争，南アフリカで起こった人種差別など，さまざまな現代の社会問題とそれと闘った人々の例を挙げながら，社会道徳に関わる「良心」について述べます。「良心」は，私たちが他者に奉仕し，市民として責任ある行動をとるようにとうながす声なのです。
　今日グローバルな規模で展開される企業間競争の中で労働者の置かれている状況は，決して楽観視できないものがあります。その中で生きてゆくためには，自分一人でがんばるだけでは限界があります。人は一人では生きられません。児美川は，若い皆さんが「世代として連帯すること」によって望ましい社会を創ってゆくことを勧めています（児美川, 2011：229-234）。
　このように，天職に出会うためには，祈り，自分の心を見つめ，社会の中で人々との出会いから起こってくるさまざまな出来事の意味を考え，先達の生き方や人類の遺産である古典から学ぶことが助けとなるでしょう。

Chapter 4　自己を越えた次元へのいざない

Activity 17　こころに語りかける声に耳を傾けよう

Goal

> ライフ・キャリアについて，自分が今迷っていることは何か，何を明らかにしたいのか，何を求めているのかを見つめる。

Reflection

> 以下の問いについて考えてみよう。
> 1. 自分のライフ・キャリアについて，自分が今迷っていることは何か，何を明らかにしたいのか，何を求めているのかを書いてみましょう。書いた内容は明確ですか？
> 十分はっきりしていなくても大丈夫です。時とともに，何を明らかにしたいかが変わってゆくかもしれません。静かに自分を見つめましょう。
> 2. 静かな場所を選んで，しばらく心を静めましょう。
> 上に書いたことについて，心に語りかけて来る小さな声を聴きましょう。何が聴こえてきますか？　聴こえてきたことを下に書いてみましょう。
> もし今日何も聴こえなくても大丈夫です。もうしばらく待ってみると，何かが聴こえるかもしれません。

記入用シート

1. _____
   _____
   _____
   _____

2. _____
   _____
   _____
   _____

Activity 18　仲間と助け合いながら考えよう

Goal

> ライフ・キャリアに関して，自分が今取り組んでいる問題や疑問，迷っていること，明らかにしたいこと，求めていることについて，仲間とともに考える。

Reflection

> 5，6人のグループになりましょう。
> ①静かな場所を選んで腰をおろし，しばらく気持ちを静めるときをもちましょう。
> ②今自分が取り組んでいる問題や疑問について，簡単に皆と分かち合いましょう。
> ③自分が迷っていることについて，その利点と問題点を挙げてみましょう。
> ④仲間が語る言葉に，真摯に注意深く耳を傾けましょう。
> 　このとき仲間にアドバイスをしたり具体的な助けをする必要はありません。
> 　このエクササイズの中で何らかの「答え」を見出すことができなくてもかまいません。
> 　大切なことは，互いの言葉によく耳を傾けること，そしてその中から何か新しい可能性が生まれて来ることを信じて待つことです。
> ⑤仲間と話し合うなかで何を感じたか，何に気づいたかを書いてみましょう。
> 　自分の気持ちにぴったりきていますか？　何か違和感はありませんか？「これだ」という感じがしますか？

記入用シート

1. _____

2. _____

⑨天職を生きることの代価

　自分に語りかけてくる神の声に耳を傾け，こころを開くとき，私たちのこころは揺れ動きます。そして往々にして，疑いや恐れ，抵抗，不安という複雑な気持ちが呼び起こされます。なぜならば，声は，それまでの私たちの常識的で安全な生き方や考え方に疑問を投げかけ，私たちの生き方や考え方を変えるようにささやくからです。女性は（あるいは男性は）そういう仕事をすべきではないというジェンダー・ステレオタイプな考え方，そんな生き方をしたのでは収入が安定ないし将来も保証されないという社会常識の声，家族を失望させるのではという内心の恐れなど，さまざまな声が同時に聞こえてきて，「そんなことはできない」「誰かから批判される」「人並みの成功や世間の常識から外れてしまう」などと私たちを萎縮させてしまいます。

　しかし，もし私たちに語りかけられる声を真摯に聞こうとするならば，心地よいことだけではなく，本当は聞きたくないこと，誰にも言いたくないようなことにも耳を傾けなければなりません。声に従うことは，究極的には，自分の小さな意思や願いを手放して，自分よりも大きな力に従ってゆくことを意味します。ですから，そのために何らかの代償を支払わなければならないことも多いのです。何か大切なことをあきらめ，何らかの難しい務めを引き受ける覚悟をしなければならないかもしれません。人種差別や人権の抑圧に抗議し，自由で平等な社会をつくるために闘ったマハトマ・ガンディーやマルティン・ルーサー・キング Jr. たちがどれほど強い抵抗と迫害にあったかをみれば，このことは明らかです。

　このように，神の呼び声に私たちのこころを開く作業は決して容易ではありません。呼ばれる声に気づくとき，皆さんは，純粋な喜びよりも前に，恐れと喜び，拒否と受諾という複雑な気持ちが交錯し，自分がいつもよりもろく傷つきやすくなったような気がするでしょう。それまで堅固だと思っていた自分の価値観や生き方が，がらがらと崩壊するのに耐えなければなりません。それは往々にして強い痛みと苦しみを伴います。しかしその痛みや苦しみの中から現れる本当の自分こそが，「真の天職の種子」だとパーマーは言います（Palmer, 2000：9）。

　次のコラムでご紹介する井深八重は，22歳のときにハンセン病だと誤診され，ハンセン病の療養所に送られました。当時ハンセン病は，治療の方法がない「不治の病」だとして恐れられていました。療養所で患者たちの苦しみを自分の苦しみとしてつぶさに経験した八重は，誤診だと分かってから後も，看護師として一生をハンセン病患者の看護のために捧げました。彼女にとって，ハンセン病という診断を受けた苦しみと痛みの経験は，安全で確実な人生から神の力に生かされて愛に生きる生き方へと変わる大きな転換点となったのです。

⑩「魂の深い喜びが世界の重大なニーズと出会う場所」

　ブフナー（F. Buechner）は天職とは，自分の魂の深い喜びが世界の重大なニーズと出会う場所に見出されると言いました（Buechner, 1993：119）。人は自己中心の生き方をしているかぎり，本当の幸せは得られません。それに対して，自己を超越した存在を見つめて生きる生き方は，他者との愛の関係へと私たちを導きます。

　人は一人では生きられません。人は人から孤立して幸せになることはないでしょう。すでに何度も述べたように，天職を発見することは単に「わたし」の問題ではなく，「わたしたち」の問題，究極的には，わたしたちが生きている社会，世界に対する私たちの「責任」へとつながる問題です。私たちは，そのために，自分の興味や望みについて考えるだけではなく，この社会の権力構造の仕組みや労働者の権利，現代という時代の特徴を吟味し，この社会の現実を批判する力を身につける必要があります（Neafsey, 2013：45-46）。そしてそれによって初めて，私たちに与えられたギフト・たまものを社会のためにどのように有効に使うべきかを判断して

ゆくことができるのです。

　自分の天職を生きる旅路は，自分の人生（ライフ）をデザインする旅路です。それは，一生を費やして歩む「巡礼の旅」のようなものです。この世界は，その旅路を，自分のためだけではなく，多くの人々の幸せのために，忍耐と情熱とをもって歩む人々を必要としています。私の喜びが，単に私だけではなく誰か他の人々の喜びと重なるとき，たとえそれがささやかな仕事であっても，私たちは深い充実感や満足感を覚えるのではないでしょうか。このテキストを手に取る皆さんが，自分に語りかけてくる大いなる声に導かれ，自分を超越した大きな力に生かされて，人々に奉仕する創造的な人生へと勇気をもって歩みだしてゆかれることを祈って，このChpterを終わります。

Column 12 苦しみの中で神の導きに出会う：井深八重の決断

　井深八重（いぶか やえ：1897–1989）は，大正7（1918）年に，同志社女子大学の前身である同志社女学校専門部英文科を卒業した女性です。1975年には，アメリカの週刊誌『タイム』（125号）に「マザーテレサに続く日本の天使」として紹介されました。

　井深八重は，22歳のときにハンセン病の疑いがあると診断され，静岡県御殿場にあったハンセン病の療養所に送られました。当時ハンセン病は治療の方法がない「不治の病」だと思われていました。症状が進むと手足や顔が変形する後遺症が残ることもあって，社会からの偏見や差別の対象になっていたのです。ハンセン病に罹患した人々は，人里離れた場所にある療養所に隔離され，家族とも会えずに一生を過ごさなければなりませんでした。現在は，ハンセン病は感染力の弱い感染病だということが分かり，よく効く薬ができ，完全に治る病気になっています。しかし，当時はハンセン病にかかっていると分かったときには，一生を，病気の苦しみだけではなく社会からの排除のうちに暮らさなければなりませんでした。

井深八重　（同志社女子大学史料室所蔵）

　22歳の若い八重がそのような自分の境遇を知ったとき，どれほど苦しみ悲しんだことでしょう。彼女はそのときのことを，「それは何にたとえようもなく，何か底知れぬ深みへつき落とされた思いでした」（中村，2009：21）と述懐しています。しかし，驚くべきことに，3年ほど療養所で過ごした後，実は彼女はハンセン病ではないことが証明されたのでした。そして，もう1つの驚きは，彼女は自分が病気ではないと分かった後も，看護師資格を取って療養所に残り，看護師として，一生をハンセン病患者の看護と救済のために捧げる決意をしたことでした。

　井深八重は，ハンセン病だと誤診された自分の苦悩のなかから，自分にとって本当に大切なものは何か，どのように生きるのが本当に神から与えられた使命なのか，ということを真剣に考えました。その結果，当時の価値観では人々から避けられていた病気で苦しんでいる人々のために生きるという人生を選んだのです。

　井深八重は，同志社で学んだ13歳からの8年間でつちかわれた「たまもの」は，「目に見えるものより見えない価値，外面よりも内面の生活にたいする関心であった」（中村，2009：20）と述べています。目に見えるこの世のすべては，いつかは空しく消えてゆく，目に見えないが決して空しくないもの，すなわち神と人々への愛に賭けて生きようと思ったのではないかと考えられます（中村，2009：47–50）。彼女は，苦しみのただなかで切実に神に祈る日々を通して，愛と奉仕に生きる新しい生き方へと導かれていきました。

Chapter 5 価値ある目標を追求する

5-1 目標設定

①効果的な目標設定

　目標への行動を起こしその行動を持続させるために，目標設定の仕方が大切であることを，心理学者のロック（E. A. Locke）は目標設定理論として提唱しました（Locke, 1968）。目標設定理論での，目標追求の意志を高める目標設定のポイントとして次の3つが挙げられます。

1）適度な困難度の目標設定

　目標が高すぎて到達するのが困難だと認識すると，目標をあきらめてしまうことがあります。また目標が低すぎても，一度目標に到達したらすぐにやめてしまい，いずれも目標追求のパフォーマンスが低下しやすくなります。そのため「工夫してやればできる」と，達成への努力によって到達の可能性があると認識される，適度な難易度の目標の設定が大切です。

2）具体的で明確な目標設定

　「一生懸命勉強する」「がんばる」という曖昧な目標は，実際にどのように行動してよいか分からず，またどこまでやれば「一生懸命」で「がんばったのか」という基準がないために達成感も得にくいものです。たとえば「1日30語の英単語を覚える」と数値や時間で成果が把握しやすい目標設定や，観察可能な行動を目標設定であれば，行動を起こしやすく，目標遂行の過程を振り返り評価もしやすくなります。

3）目標設定における自己関与

　自分自身で目標に意味を感じ，自ら進んで目標の達成に関わることを「自己関与」といいます。他者が決めた目標を受身的に追求しても，何のためにその活動をしているのかが途中で分からなくなります。しかしもし他者が決めた目標であっても，その目標の価値を知り何のためにその目標を達成するのかという意味が自分にとって理解できて受け入れられれば，目標を実現したいという意志が高まり，目標追求への自己関与が深まります。

②熟達目標と遂行目標

　達成動機づけ研究の1つである達成目標理論（Dweck, 1986）の立場からは，どのような目標をもつかという目標設定そのものが，目標遂行の行動や，成績や業績といった目標遂行の結果に影響するという研究がなされてきました。設定される目標にはさまざまな分類がありますが，代表的な分類として，遂行目標と熟達目標があります。遂行目標は，「良い成績をとりたい」というような目標遂行の結果を重視する目標です。一方の熟達目標は，「分かるようになりたい」「できるようになりたい」という，結果よりもむしろ目標遂行の過程における個人の能力の向上や進歩を重視する目標です。

　遂行目標は，目標に到達したことで，自分自身の能力への高い評価を得ようとする志向であ

り，その評価には他者との比較による優劣の判断が含まれます。そのため，もし他者が自分よりも良い成績であれば，期待していた評価が得られないというように，設定した目標追求に自分のコントロールが及ばないこともあります。遂行目標は，自分の能力に自信がない場合には，目標を簡単にあきらめやすいといった否定的な側面も指摘されます。しかし学業成績に関しては，自分の能力に自信があって不安が低い場合には，遂行目標を設定する利点も指摘されています。

　熟達目標は，目標追求を通した個人の能力の向上の志向です。他者との比較よりも，自分自身の能力が以前に比べて向上したかどうかが評価の対象であるため，目標追求の満足が得られやすい特徴があります。もし，目標に到達できなかったとしても，それは目標追求の過程で「努力が足りなかった」からだと捉えられるため，自分自身の有能感を下げることなく，次の行動への動機づけにもつながりやすくなります。

　遂行目標と熟達目標とは，どちらか一方を優先するというよりも，両方の目標をバランスよく設定することが重要だとされています。

③長期目標と，それに至る短期目標の設定

　目標に到達するまでに長い時間がかかると思えたり，複雑ですぐには実現されそうにない場合は，どのように高い動機づけを維持して行動を持続させればよいのでしょうか。

　目の前にある「テレビを見る」という楽しみを我慢して，数ヵ月先の「試験勉強をする」には，目先の報酬を我慢する抑制が必要です。今すぐの報酬を先延ばしにして，より大きな将来の報酬を得ることを「遅延報酬」といいます。一般に，遠い先でも目標が実現されることを予想して，衝動をコントロールして未来の目標への行動を起こす繰り返しが，日々の目標遂行の過程で繰り返されています。この過程で小さな報酬が得られれば，目先の報酬に流されることなく未来の目標への行動を持続しやすくなります。

　大きく遠い目標を小さな目標に細分化し，その小さな目標遂行を積み重ねて，徐々に大きな目標が実現されていく目標遂行がスモールステップです。この大きく遠い目標は，長期目標（遠隔目標）といい，より近く小さな目標を短期目標（近接目標）といいます。

　長期目標を分割して短期目標を設定し，長期目標と短期目標を関連づけて意識すると，日々のこつこつとした努力も続けやすく，また細かな目標達成による効力感も高まります。また，短期目標の段階的な設定により，具体的に今，何をすればよいのかが明確になることから，目標遂行のパフォーマンスが上がります。

④目標追求を促すフィードバック

　目標追求の過程や結果の評価がフィードバックです。目標追求の報酬は，金銭や学業成績などの目に見える成果だけでなく，自己・他者からのフィードバックも重要な目標追求の報酬となります。目標に向けての行動がどのような結果に結びついたのかを客観的に認知するためにもフィードバックが有効です。目標追求の過程を振り返る自己評価のフィードバックや，他者の視点から見て，行動と結果の関係を客観的に評価したフィードバックからは，どういう行動が効果的で，次はどうすればいいのかという気づきが得られます。また，目標の困難度の修正や目標追求の計画の見直しにもフィードバックが役立てられます。フィードバックは，行動を起こしてから時間を置かずできるだけ早い方が，目標追求のパフォーマンスへのより高い効果が期待できます。

Activity 19　目標を選択する

Goal

> 複数ある目標を分析して，人生における意味や重要度などから優先順位を明らかにします。優先順位は，あなたにとっての順位であり，それをするかどうかよりも，どの程度あなたにとってその目標達成が大切であるかが順位を決めるポイントになります。

Procedure 1

> 「理想の自分像」記入シートに，○○として（○○は）こうありたいと思う自分像を書き入れます。そして，なぜそうありたいのかを考えて，理想の自分像と関連する価値を，Activity 9「価値の番付け」を参考にして選び，下段に記入します。

「目標と価値シート」記入シート

領　域		ありたい理想像（目標）
個人	自分は	
	関連する価値	
家族の関係	家族として	
	関連する価値	
友人との関係	友人として	
	関連する価値	
地域社会	地域社会の住民として	
	関連する価値	
仕事・学業	働く・学ぶ人として	
	関連する価値	

上段：○○として（○○は），どうありたいか・何をしたいか（目標）。
下段：こうありたい自分像に関連する価値。

Procedure 2

1. 上で記入した理想の自分像（目標）の重要度を知るために，「目標分析」記入シートを使ってより詳しく目標を分析します。
2. それぞれの目標について，0点から10点までで採点します。
困難度や可能性は，グループで話しながら採点するとより客観的な評価がしやすくなります。また，活かせる強みや支援についても他の人からの意見が参考になります。

Reflection

1. 「目標分析」記入シートが完成したら，自分が主体的に目標追求のために努力できて，重要で，楽しく，可能性の感じられる目標を選びます。グループのメンバーで互いの目標選択を相談しあいます。
2. ここまでのグループを解消して，別のグループになります。新しいグループのメンバーに，優先順位の高い目標と，その目標を選択した理由を話します。

「目標分析」記入シート

目標	大切さ	楽しさ	困難度	必要な努力	可能性	活かせる強み	得られる支援

大切さ	あなたにとってこの目標はどれくらい大切ですか？
楽しさ	この目標を実現する楽しさはどのくらいですか？
困難度	この目標を実現する難しさはどのくらいですか？
必要な努力	あなたがこの目標を実現するのに要する努力はどのくらいですか？（目標の実現に努力がいらない場合＝0，目標の実現に多くの努力が必要な場合＝10）
可能性	目標が実現する見込みはどのくらいですか？
活かせる強み	この目標を実現するために必要な能力のうち，あなたはどのくらいの能力がありますか？
得られる支援	この目標を実現するために必要なサポートや道具の助けは，周囲からどの程度得られますか？

＊10点（高い）～0点（低い）で評価

Activity 20　目標の中に意味を見出す

Goal

目標は1つとは限りませんが，ここではライフデザインの学習の演習として，優先順位の高い目標を取り上げて，①目標の困難度の調整，②より具体的な目標設定，③価値（意味）への関連づけにより目標の魅力を高める，の3点から目標を設定します。

Procedure1

1. Activity 19 で記入した「目標分析」記入シートの結果，最も優先順位の高い目標を取り上げて，「目標マトリックス①」の「長期目標」に記入します。
2. 「長期目標」を何のために実現したいのかを「価値」に記入します。価値は複数でもかまいません。
3. 「長期目標」をスモールステップに細分化した「短期目標」を記入します。グループで話し合いながら，長期目標をできるだけ細かく段階的に「短期目標」を設定します。

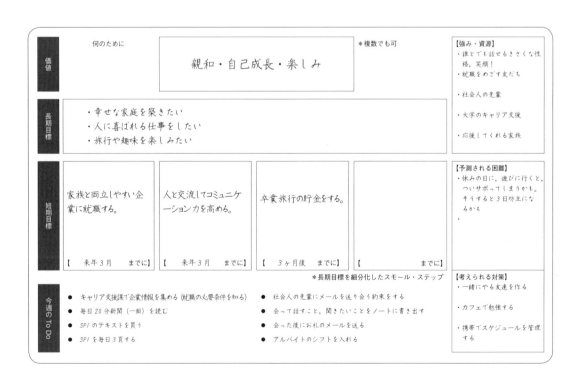

Activiy 20・21 記入例

「目標マトリックス①」記入シート

何のために

＊複数でも可

【　　　　　】まてに

【　　　　　】まてに

【　　　　　】まてに

【　　　　　】まてに

＊長期目標を細分化したスモール・ステップ

価　値　　　長期目標　　　短期目標

Activity 21　強みを活かす・リスクに備える

Goal

> 　目標の困難度を調整して，少し先の目標遂行を予測しながら，効率的な取り組みを行うための具体的な計画を立てます。
> 　目標遂行に役立てることができる資源について，また予測されるリスクについて，社会全体に目を向けて情報をできるだけ多く集めてください。また，グループの中で情報を共有して，必要な情報が何かを整理して，さらに情報を集めます。

Procedure

> 1. 目標遂行に役立てられる自己の強み・資源を「目標マトリックス②」に記入します。
>
>   【強　み】
>   どんな自己の強みが活かせるか，それは十分か
>   【資　源】
>   - 誰から手助けが得られるか，それは十分か
>   - どんな道具が役に立つか，それは十分か
>   - 必要な情報は何か，それは十分か
>
> 2. 目標遂行の過程で予測される困難を「目標マトリックス②」に記入します。社会情勢，他者の経験などから集めた情報をもとに困難を予測します。グループで，それぞれのメンバーの目標遂行に予測される困難を話し合います。
>
>   【困　難】
>   - 自己が原因となるもの（考え方，固定観念）
>   - 他の目標との間の葛藤
>   - 生活状況による困難
>   - 社会や環境の中での困難
>
> 3. 予測される困難に対して，どのような対策がとれるかを，グループでの話し合いを通して考え，「目標マトリックス②」に記入します。
> 4. Activity 20 で記入した，「短期目標」を見直して目標を設定し直します。
> 5. 「短期目標」の遂行のために，すぐにでも実行できて今週中に行動を起こすことを「目標マトリックス②」の「今週の To Do」に記入します。ここには，行動レベルで具体的な目標を記入します。数字や時間などの達成水準も記入すると，行動を起こしやすくなります。

Reflection

> 1. ここまでのグループを解消して，別のグループになります。新しいグループのメンバーに，「長期目標」「短期目標」「今週の To Do」を関連づけて話します。

「目標マトリックス②」記入シート

[強み・資源]

[予測される困難]

[考えられる対策]

何のために　　　　　＊複数でも可　　　　　＊長期目標を細分化したスモール・ステップ

[　　　　　　　　　までに]

[　　　　　　　　　までに]

[　　　　　　　　　まてに]

[　　　　　　　　　まてに]

・・・・

・・・・

| 価値 | 長期目標 | 短期目標 | 今週のTo Do |

5-2 行動を起こす

①自己調整力

目標遂行を効果的に進めるために，自分の行動や周囲の環境を調整する力を「自己調整力」といいます。自己調整力は，主体的に学び続けるための力とも考えられています。自己調整学習の代表的な研究者であるジマーマン（B. J. Zimmerman）は，自己制御学習の過程を，1) 予見の段階（行動を起こす前に課題を分析し，問題解決の方法を考えて計画を立て，自己を動機づける段階），2) 遂行の段階（目標遂行の活動が計画どおりであるかをモニタリングし，遂行方法の見直しや調整を行う自己制御が働く段階），3) 自己内省の段階（活動の後に結果を分析・評価し，次にどうするかを考えるフィードバックの段階）の3段階に分類しました（ジマーマン・シャンク, 2006；Zimmerman, 2002）。

効果的に学習を進める自己調整学習の方略は，自分自身の認知・行動，周囲の環境を調整する複数の方法で構成されています。自己調整力に関してジマーマンらが見出した方略（伊藤, 2012）の一部を以下に挙げます。

- 目標設定：長期目標や短期目標を立てる。
- 計画（プランニング）：目標遂行の行動の順序，時期，過程の計画を立てる。
- 情報収集：課題に関する情報を集めるために努める。
- 社会的支援の要請・活用：周囲の人（家族・友人・教師等）の支援を得るために努める。
- 環境調整：目標遂行の活動に適した環境を物理的に選んだり整えたりする。
- 記録とモニタリング：目標遂行の展開や結果を記録し客観的に把握するために努める。
- 自己評価：計画に照らして取り組みの進度や質を自ら評価する。

1) の予見の段階の目標分析は，先のChapter 5 第1節での説明に該当します。ここからは，目標遂行の計画と目標遂行に，上記の方略を用いて取り組みます。

②意志と希望で行動を起こす

目標に向けた行動を起こす原動力は，自分で決めて実現する意志と，自分や環境への信頼に基づく希望です。この2つは，自己調整学習における重要な要素とされる自己効力感と目標への関与と関連する概念です。自己効力感は，課題に対して自分が行動して対処した結果がうまくいくだろうという，期待した結果につながる行動ができる，「やればできる」という信頼です。「やればできる」という効力感は，実際に行動した結果がうまくいく体験を通して高まります。目標への関与は，目標の中心にある価値に気づき，意味があると思うことで目標への意志が高まります。「やればできる」という信頼と，「きっとうまくいくだろう」という明るい未来の展望をベースに，目標遂行の過程に主体的に関わることで，目標に向けた行動が起こります。反対に，どうせ無理だろうとあきらめていたり，実現したいという思いが低ければ，なかなか行動が起こりません。目標に向けた一歩を踏み出せない場合，もう一度先の35ページに戻ってみてください。現実にあるかどうかも分からない困難な問題を考えて不安になったり，まだ起きていない未来の失敗を想像してあきらめたりする考え方をしていないでしょうか。

一歩踏み出す時には，できるかできないかより，どうすればできるかを考えるとよいことが分かっています。目標遂行の結果や過程を思い浮かべることを「メンタルシミュレーション」といいます。メンタルシミュレーションは，思考から行動への移行を促します。しかし，どん

なシミュレーションでも効果があるわけではありません。大学生を対象とした研究からは、テストの結果だけに注目してイメージ（結果シミュレーション）する大学生よりも、目標とする結果に近づく過程を重視する（プロセスシミュレーション）大学生の方が、よく勉強し、さまざまなことにうまく対処していたことが明らかにされています（Taylor et al., 1998）。計画がプレッシャーとなりストレスの原因になる恐れもありますが、たとえば学業面で良い成績をとろうとする場合には、計画や過程への注目が動機づけを高めるうえで効果的だといえます。

5-3　目標遂行過程の見直し

　何をするにも多少の困難はあります。実際にやってみて、うまくいくことも、いかないこともあります。その原因を自分の能力と考えれば、自信を失いあきらめてしまいます。しかし、目標遂行の過程に目を向ければ、計画や取り組み方を見直せばよいことに気づきます。これまでとは違うやり方をして、思いがけない結果が得られることもあります。メタ認知方略と呼ばれる自己制御学習の認知的側面は、メタ認知の機能を働かせて目標遂行の過程を自己調整する方略です。計画（プランニング）と目標遂行のモニタリング、結果の自己評価から、もう一度プラン見直し、必要な修正を加えることで、目標遂行の過程の効率が上がります。そのために、ある程度の見通しが立てばまずやってみることが大切です。自ら動けば、周囲の人や環境からの反応が得られます。その体験の振り返りと見直しが目標に近づく次の行動につながります。そして、体験の意味を考える対話を通して構造化された経験が、多くの状況で応用可能な普遍的な概念となり、人の行動を適応的に変容させる発達が進みます。

Activity 22　行動を起こして振り返る・計画を修正する

Goal

> 　1週間の取り組みから目標遂行の過程を振り返ります。計画そのものが効果的だったか、目標設定は適切かを分析します。また、何が目標遂行に有効で、何が支障となったかを、個人と社会の両面から把握します。そして、次週に向けて柔軟に目標設定や計画を見直します。

Procedure

> 1. 「1週間の記録」に、Activity 20 で設定した目標に関する活動にどの程度取り組んだかを毎日記録します。必ず1日の分はその日のうちに記入します。
> 2. 1週間を振り返り、「できたこと」「できなかったこと」「その原因」を記入します。

Reflection

> 1. グループで、この1週間にどのように取り組んだかなどの進行状況や問題点を共有します。
> 2. 次週に向けての計画をグループで話します。メンバー間で、1週間の振り返りを肯定的に評価して伝えます。そして情報交換を行います。

「1週間の記録」記入シート

	Friday	Saturday	Sunday	Monday	Tuesday	Wednesday	Thursday
Date							
6							
8							
10							
12							
14							
16							
18							
20							
22							
24							
To Do							

できたこと	できなかったこと
原因の分析	感　想

来週のアクション

Column 13　タイプ別アクションプランの見直し

15頁に記したライフデザイン力のバランスが，目標追求の過程に影響します。目標追求のタイプによって，目標追求の特徴や改善ポイントが異なります。

■自らすすんで目標を追求する：どんな状況でも目標をみつけて追求するハイパフォーマンス（達成）タイプ
■誘惑に負けて先延ばし：やる気が起こりにくい「やらねば」タイプ
○目標の価値（意味）をもう一度考えて目標の魅力を高めよう
・この目標は「何のために実現したいか」という目標の意味を書き出します。
・「やらなければならない」という義務感が強ければ，別の目標も改めて考えて，自分から進んで「やりたいこと」と思う目標を残します。
○「やらなければならない」ことを目標にするときは，「何のためにやらなければならないか」それが「自分にとってどういう意味があるのか」を考えましょう。
■意欲はあるがあきらめる：「やればできる」を信じにくい不安タイプ。
○「やろう」思ったことを，より具体的にして，スモールステップに分けます。
○一番簡単で，すぐにできることを，まず5分やってみます。
○一歩踏み出す勇気は「やればできる」の信頼から高まります。これまでがんばった，うまくいった体験や，自己の強みから，信頼の根拠を探します。
○計画を「どうすればできるか」と考える時に，自分だけでなく，他者の支えや助け，道具や情報の使い方を含めましょう。
■ムリしないで流される：低めの目標設定で，高い目標や成長をめざさないタイプ。
○自分の能力を過小評価していませんか……。
○努力しても無駄だと思っていませんか……。
○今何かあきらめていることがあれば，まずは一歩だけ踏み出してみよう。

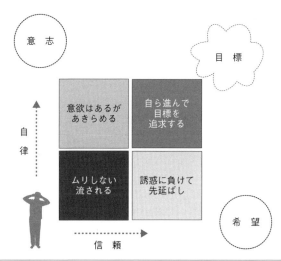

図5-1　目標追求の4タイプ

5-4 ライフデザインのまとめ

①人生に意味を見出す

　近年の研究では，人は常に行動の背景にある目標を意識しているわけではなく，普段の生活の中ではなんとなく今の状況に注意を払い，目標の設定と目標に向かう行動の調整を無意識的に行いながら目標追求していくことが分かっています。その一連のプロセスは，モチベーションや目標追求の自動化された認知の働きであり，目標への意識ではないとされます（及川，2012）。目標追求が進まず新しい方法を考えなくてはならないときですら，意識によるコントロールが必ずしもうまくいくわけではないことも明らかにされています。

　ライフデザインにおいても意識は，未来の目標追求よりもむしろ過去と現在の体験の内省と統合に対してより強く向けられます。言いかえると，人生をよりよくしようとする時には先のことを考える以上に，これまでの体験を振り返る過程が重要になるのです。過去と現在の出来事を心の中で再体験して，その体験を理解する枠組みを何度も変えて考える内省により，私たちは出来事の必然性や，過去の人生上の選択の意味を知り，自分と人生全体とを統合して受け入れていくことができます。意味のある人生が何かについてはその答えはありません。しかし人生の意味は，人生そのものに超然とした関心を持ち続け，深い内省と統合を生涯実践し続ける努力により見出されます。そしてこの内省と統合の努力は，人生のすべての段階における人の発達の基盤となります（エリクソン，1990）。

②感謝しつつ前に進む

　このテキストの目的は，人生は「自分の力でよりよくできる」という確信を得ることです。およそ100年にも延長された長い人生を希望を失わずに生きるために，自分と人生の可能性を信じていられることは重要です。そしてライフデザインの学びのまとめに，人生をより豊かにするためのキーワードとして，感謝と喜びの共有をあげたいと思います。

　高齢の人に幸福感の高い人が多い理由の1つに，命の限りの意識があります。命の限りを感じると人は，より前向きな感情を引き起こす情報を選択し認識するようになります（Carstensen, 1991）。若い時には，忙しくて気に留めなかったり，ネガティブに捉えていた出来事でも，限界を意識した時に見方を変えて意味を知ろうとすると，出来事の異なる側面に気づくことがあります。高齢の人が死を意識しても情緒的に安定していられるのは，日々の出来事が理想の未来につながる喜びを感じ，小さな1つひとつの出来事を「ありがたい」（めったにない，得がたい）と感謝しているからだとされます。

　喜びや感謝は，日記や手紙に書いたり誰か伝えたりして言葉にすることで伝えた人のポジティブな感情が高まります（Seligman et al., 2005）。また，感謝の表現が，脳機能や心理的健康に良い影響を与えることも明らかにされています。意味を見出して感謝していることと，その喜びをわかちあうつながりのあることが，人生をよりよく豊かにするといえます。

Activity 23　感謝の手紙

Procedure

> 目標に向けて取り組む自分を見守ってほしいと思う人は誰ですか。あなたの大切に思う価値を理解してくれている人，価値を満たす生き方を応援してくれる人，またはそうあってほしいと思う人に，決意の手紙を書いて下さい。まずは，その人があなたにしてくれた（くれている）ことや，かけてくれた（くれている）言葉で，どんな気持ちになったかを思い出して，感謝の言葉から書き始めてください。
> ＊手紙を渡す，渡さないは自由です。

「Thank you note」記入シート

【参考文献】

●巻頭言

東 浩紀・大澤真幸（2003）．自由を考える―9.11以降の現代思想　NHKブックス

石田英敬（2003）．記号の知／メディアの知―日常生活批判のためのレッスン　東京大学出版会

乾 彰夫（2010）．「学校から仕事へ」の変容と若者たち―個人化・アイデンティティ・コミュニティ　青木書店

宇野重規・田村哲樹・山崎 望（2011）．デモクラシーの擁護―再帰化する現代社会で　ナカニシヤ出版

加賀裕郎（2012a）．21世紀型教養教育の基礎的条件―教養教育と職業教育の相補的把握　現代社会フォーラム，**8**，38-54.

加賀裕郎（2012b）．再帰的近代における民主的教育　教育哲学研究，**105**，178-179.

久木元真吾（2009）．若者の大人への移行と『働く』ということ　小杉礼子［編］若者の働きかた　ミネルヴァ書房

児美川孝一郎（2013）．キャリア教育のウソ　筑摩書房

デューイ，J.／宮原誠一［訳］（1957）．学校と社会　岩波書店

デューイ，J.／松野安男［訳］（1975）．民主主義と教育（上，下）　岩波書店

速水敏彦（2006）．他人を見下す若者たち―自分以外はバカの時代　講談社

原 宏之（2006）．バブル文化論―「ポスト戦後」としての1980年代　慶応義塾大学出版会

ベック，U.／東 廉・伊藤美登里［訳］（1998）．危険社会―新しい近代への道　法政大学出版局

本田由紀（2009）．教育の職業的意義―若者，学校，社会をつなぐ　筑摩書房

正高信男（2003）．ケータイを持ったサル―「人間らしさ」の崩壊　中央公論社

松下佳代（2010）．大学生と学力・リテラシー　山内乾史・原 清治［編］論集日本の学力問題（下）　日本図書センター

宮本みち子（2004）．ポスト青年期と親子戦略―大人になる意味と形の変容　勁草書房

山田昌弘（1999）．パラサイト・シングルの時代　筑摩書房

山田昌弘（2013）．なぜ日本は若者に冷酷なのか―そして下降移動社会が到来する　東洋経済新報社

●Orientation

エリクソン，E. H.／仁科弥生［訳］（1995）．幼児期と社会1　みすず書房

日下菜穂子（2012）．高齢者のうつ予防のための認知行動療法に基づく生きがいづくりプログラム―大学生スタッフのキャリア構築過程における効果の実証　同志社女子大学総合文化研究所紀要，**29**，40-49.

日下菜穂子・石川眞理子・桂 薫・小橋弘子・下村篤子・増田香織・土田宣明（2015）．生きがい創造プログラムによる介入の高齢女子受刑者の主観的well-beingおける影響　心理臨床学研究，**33**(3)，263-274.

中原 淳・金井壽宏（2009）リフレクティブ・マネージャー――一流はつねに内省する　光文社

Cooley, C. H. (1902). *Human nature and the social order*. New York: Charles Scribner's Sons.

Dewey, J. (1980). Democracy and education: An introduction to the philosophy of education. In J. Dewey, *The middle works, 1899-1924: Volume 9*. Carbondale, IL: Southern Illinois University Press.〔原著1916年〕

Kabat-Zinn, J. (1990). *Full catastrophe living: Using the wisdom of your body and mind to face in stress, pain and illness*. New York: Dell.

Kusaka, N. (2013). The effect of community-based psycho-educational program for depression prevention of older adults: Comparison with severity of depression. 同志社女子大学総合文化研究所紀要，**30**，12-21.

Kusaka, N., & Tokutsu, S. (2012). The effectiveness of community-based life goal pursuit program for prevention of depression in older adults: Does the program realize wonderful aging? *30th International congress of psychology*, Cape Town, South Africa.

Kusaka, N., Tsutida, N., & Narumoto, J. (2014). The effectiveness of pursuit of purpose in life program for "Wonderful Aging" on psychological well-being in older adults. *28th International congress of applied psychology*. Paris, France.

●Chapter 1

エリクソン，E. H.／朝長正徳・朝長梨枝子［訳］（1990）．老年期―生き生きしたかかわりあい　みすず書房

大石繁宏（2009）．幸せを科学する―心理学からわかったこと　新曜社

日下菜穂子（2012）．ワンダフル・エイジング―人生後半を豊かに生きるポジティブ心理学　ナカニシヤ出版
杉山尚子・島宗　理・佐藤方哉・マロット，R. W.・マロット，A. E.（1998）．行動分析学入門　産業図書
デシ，E. L.・ライアン，F.／桜井茂男［監訳］（2010）．人を伸ばす力―内発と自律のすすめ　新曜社
パットナム，R. D.／河田潤一［訳］（2001）．哲学する民主主義―伝統と改革の市民的構造　NTT出版
Andrews, F. M., & Robinson, J. P. (1991). Measures of subjective well-being. In J. P. Robinson, P. R. Shaver, & L. S. Wrightsman (Eds.), *Measures of personality and social psychological attitudes*. San Diego, CA: Academic Press. pp.61–114.
Austin, J. T., & Vancouver, J. B. (1996). Goal constructs in personality: Structure, process and content. *Psychological Bulletin*, **120**, 338–375.
Boyle, P. A., Buchman, A. S., Wilson, R. S., Yu, L., Schneider, J. A., & Bennett, D. A. (2012). Effect of purpose in life on the relation between Alzheimer disease pathologic changes on cognitive function in advanced age. *Archives General Psychiatry*, **69**(5), 499–505.
Brown, D. (1996). A holistic, values-based model of career and life-role choice and satisfaction. In D. Broun, L. Brooks, & Associates (Eds.), Career choice and evelopment (3rd ed.). San Francisco, CA: Jossey-Bass.
Diener, E. (1984). Subjective well-being. *Psychological Bulletin*, **95**, 542–575.
Dubé, M., Lapierre, S., Bouffard, L., & Alain, M. (2007). Addressing suicidal ideations through the realization of meaningful personal goals. *Crisis: The Journal of Crisis Intervention and Suicide Prevention*, **28**(1), 16–25.
Kusaka, N., Ueda, N., & Miyake, E. (2013). Validating and verifying a 'seeking purpose in life' model for older people: Interactive motivation and efficacy. The 20th IAGG World Congress of Gerontology and Geriatrics, Soul, South Korea.
Langer, E. J., & Rodin, J. (1976). The effects of choice and enhanced personal responsibility for the aged: A field experiment in an institutional setting. *Journal of Personality and Social Psychology*, **34**(2), 191–198.
Lecci, L., Okun, M., & Karoly, P. (1994). Life regrets and current goals as predictors of psychological adjustment. *Journal of Personality and Social Psychology*, **66**, 731–741.

●Chapter 2
シャイン，E.／金井壽宏［監訳］（2009）．人を助けるとはどういうことか―本当の協力関係をつくる7つの原則　英治出版
シャイン，E.／金井壽宏［監訳］（2014）．問いかける技術―確かな人間関係と優れた組織をつくる　英治出版
セリグマン，M. E. P.／小林裕子［訳］（2004）．世界でひとつだけの幸せ―ポジティブ心理学が教えてくれる満ち足りた人生　アスペクト
レイサム，G.／金井壽宏［監訳］（2009）．ワーク・モティベーション　NTT出版
レヴィン，K.／猪股佐登留［訳］（1956）．社会科学における場の理論　誠信書房
Dubé, M., Lapierre, S., Bouffard, L., & Alain, M. Personal Goals Management Program, unprinted.
Peterson, C., & Seligman, M. E. P. (2004). *Character strengths and virtues: A handbook and classification*. New York: Oxford University Press.
Riediger, M., Freund, A. M., & Baltes, P. B. (2005). Managing life through personal goals: Intergoal facilitation and intensity of goal pursuit in younger and older adulthood. *Journal of Gerontology, Psychological Sciences*, **60B**(2), 84–91.

●Chapter 3
五十嵐暁郎・シュラーズ，M. A.（2012）．女性が政治を変えるとき―議員・市長・知事の経験　岩波書店
伊田広行（2006）．ジェンダーについての整理　日本女性学会ジェンダー研究会［編］Q&A　男女共同参画／ジェンダーフリー・バッシング―バックラッシュへの徹底反論　明石書店
上野千鶴子（2013）．女たちのサバイバル作戦　文藝春秋
大沢真理（2002）．男女共同参画社会をつくる　NHKブックス
ガーズマ，J.・ダントニオ. M／有賀裕子［訳］（2013）．女神的リーダーシップ―世界を変えるのは，女性と「女性のように考える」男性である　プレジデント社
川島典子（2015）．社会保障におけるジェンダー　川島典子・三宅えり子［編著］アジアのなかのジェンダ

ー（第 2 版）　ミネルヴァ書房　pp.19-55.
グリーンリーフ，R. K. ／金井壽宏［監訳］金井真弓［訳］（2009）．サーバント・リーダーシップ　英治出版
日下菜穂子（2011）．ワンダフル・エイジング—人生後半を豊かに生きるポジティヴ心理学　ナカニシヤ出版
コヴィー，S. R. ／フランクリン・コヴィー・ジャパン［訳］（2005）．第 8 の習慣—「効果」から「偉大」へ　キングベアー出版
厚生労働省〈http://www.mhlw.go.jp/〉
厚生労働省（2012）．厚生労働白書平成 24 年版
厚生労働省 雇用均等・児童家庭局「パパ・ママ育休プラス制度」〈http://www.mhlw.go.jp/bunya/koyoukintou/pamphlet/dl/08.pdf〉（2015 年 5 月 30 日アクセス）
厚生労働省・女性活躍推進法特集ページ〈http://www.mhlw.go.jp/stf/seisakunitsuite/bunya/0000091025.html〉（2016 年 7 月 2 日アクセス）
厚生労働省・都道府県労働局・ハローワーク「育児休業給付金の支給率」〈http://www.mhlw.go.jp/file/06-Seisakujouhou-11600000-Shokugyouanteikyoku/0000042797.pdf〉（2015 年 5 月 30 日アクセス）
小峰隆夫・日本経済研究センター［編］（2008）．女性が変える日本経済　日本経済新聞出版社
佐藤博樹（2008）．企業の人材戦略としてのワーク・ライフ・バランス支援　佐藤博樹・武石恵美子［編著］人を活かす企業が伸びる—人事戦略としてのワーク・ライフ・バランス　勁草書房　pp.25-36.
サンドバーグ，S. ／村井章子［訳］（2013）．LEAN IN—女性，仕事，リーダーへの意欲　日本経済新聞出版社
ジガーミ，D.・ブランチャード，K.・オコーナー，M.・エデバーン，C. ／山村宜子・菅田絢子［訳］（2009）．リーダーシップ行動の源泉—DISC と SLII によるリーダー能力開発法　ダイヤモンド社
下村英雄（2008）．最近のキャリア発達理論の動向からみた『決める』について　キャリア教育研究，**26**, 31-44.
スタインバーグ，C.・中根誠人（2012）．IMF Working Paper　女性は日本を救えるか？（日本語版）IMF
高橋　保（2008）．雇用の政策と法［改訂版］　ミネルヴァ書房
男女共同参画統計研究会（2015）．男女共同参画統計データブック—日本の女性と男性　ぎょうせい
内閣府（2005）．国民生活白書平成 17 年版
内閣府大臣官房政府広報室「政府公報オンライン」〈http://www.gov-online.go.jp/tokusyu/201111/seido/nadeshiko.html〉（2015 年 3 月 26 日アクセス）
内閣府男女共同参画局〈http://www.gender.go.jp/〉
内閣府男女共同参画局（2009）．諸外国における政策・方針決定過程への女性の参画に関する調査—オランダ王国・ノルウェー王国・シンガポール共和国・アメリカ合衆国　平成 21 年 3 月
内閣府男女共同参画局（2013）．男女共同参画白書平成 25 年版
内閣府男女共同参画局（2014）．男女共同参画白書平成 26 年版
内閣府男女共同参画局（2015）．男女共同参画白書平成 27 年版
内閣府男女共同参画局（2016）．男女共同参画白書平成 28 年版
西尾亜希子（2015）．貧困化する女性　川島典子・三宅えり子［編著］アジアのなかのジェンダー［第 2 版］　ミネルヴァ書房　pp.107-130.
日本一，女性が活躍する会社ベスト 100，日経ウーマン（2016 年 6 月号），104-109.
バダラッコ，Jr., J. L. ／夏里尚子［訳］（2002）．静かなリーダーシップ　翔泳社
濱口桂一郎（2015）．働く女子の運命　文藝春秋
平成 17 年版 国民生活白書「出産退職にともなう機会費用は大きい」〈http://www5.cao.go.jp/seikatsu/whitepaper/h17/01_honpen/html/hm03010303.html〉（2016 年 9 月 14 日アクセス）
ホーン川嶋瑤子（2000）．フェミニズム理論の現在—アメリカでの展開を中心に　お茶の水女子大学ジェンダー研究，**3**, 43-66.
三宅えり子（2013）．新島八重とリーダーシップ・スタイルに関する一考察—フローレンス・ナイチンゲールとの比較から　同志社女子大学総合文化研究所紀要，**30**, 46-62.
リース，F. ／黒田由貴子・P. Y. インターナショナル［訳］（2008）．ファシリテーター型リーダーの時代　プレジデント社
労働政策研究・研修機構（2013）．データブック国際労働比較 2013 年度版
Adair, J. (2011). *100 Greatest ideas for effective leadership*. Chicester, UK: Capstone.
Boal, K., & Hooijberg, R. (2000). Strategic leadership research: Moving on. *Yearly Review of Leadership:*

A Special Issue of the Leadership Quarterly, **11**(4), 515-549.
Brown, D. (2007). *Career information, career counseling, and career development* (9th ed). Boston, MA: Pearson Education.
Burns, J. M. (1978). *Leadership*. New York: Harper & Row.
Inter-Parliamentary Union, Women in National Parliaments, Situation as of 1st April 2015.〈http://www.ipu.org/wmn-e/classif.htm〉(2015年5月17日アクセス)
Sorenson, G., & Goethals, G. (2004). Leadership theories: Overview. In G. Goethals, G. Sorenson, & J. MacGregor (Eds.), *Encyclopedia of leadership*. Vol. 4. London: Sage.
Tyler, T., & Lind, E. (1992). A relational model of authority in groups. *Advances in Experimental Social Psychology*, **25**, 115-191.
World Economic Forum (2015). *The global gender gap report 2015*. Geneva, Switzerland: World Economic Forum.

◉Chapter 4
ヴェイユ, S./田辺　保 [訳] (1986). 工場日記　講談社
ウェーバー, M./大塚久雄 [訳] (1989). プロテスタンティズムの倫理と資本主義の精神 [改訳]　岩波書店
金井壽宏 (2002). 働くひとのためのキャリア・デザイン　PHP研究所
クラーマー, R. (2006). プロテスタンティズム　M. クレッカー・U. トゥヴォルシュカ [編]／石橋孝明・榎津重喜・中本幹生 [共訳] (2006). 諸宗教の倫理学―その教理と実生活　第2巻労働の倫理　九州大学出版会　pp.43-70.
児美川孝一郎 (2011). 若者はなぜ「就職」できなくなったのか？―生き抜くために知っておくべきこと　日本図書センター
児美川孝一郎 (2013). キャリア教育のウソ　筑摩書房
今野晴貴 (2012). ブラック企業―日本を食いつぶす妖怪　文藝春秋
笹山尚人 (2008). 人が壊れてゆく職場―自分を守るために何が必要か　光文社
シャイン, E. H./金井壽宏 [訳] (2003). キャリア・アンカー―自分のほんとうの価値を発見しよう　白桃書房
ゼレ, D./関　正勝 [訳] (2006). 働くこと，愛すること―創造の神学　日本キリスト教団出版局
東方敬信 (2001). 神の国と経済倫理―キリスト教の生活世界をめざして　教文館
中村　剛 (2009). 井深八重の生涯に学ぶ―"ほんとうの幸福"とは何か (21世紀・福祉文献の発掘, その2 井深八重) あいり出版
日本聖書協会 [編] (2015). 聖書―新共同訳　日本聖書協会
ブルッゲマン, W./向井孝史 [訳] (1998). 現代聖書注解「創世記」　日本基督教団出版局
諸富祥彦 (2013). 私は何のために働くのか―「働く意味」と自分らしい働き方を考える　日本能率マネジメントセンター
フォン・ラート, G./山我哲雄 [訳] (1993). 創世記 (ATD旧約聖書註解 (1)) ATD・NTD聖書註解刊行会 (Das Alte Testament Deutsch (ATD), Tlbd.2/4, Das erste Buch Mose, Genesisvon Rad, Gerhard, Otto Kaiser und Artur Weiser: Das Alte Testament Deutsch./Das Alte Testament deutsch. Teilbd. 3. Das erste Buch Mose - Genesis Kapitel 12, 10-25, 18 -von Rad, Gerhard, Otto Kaiser und Artur Weiser:von Rad, Gerhard, Otto Kaiser und Artur Weiser／Das Alte Testament deutsch. Teilbd. 3. Das erste Buch Mose - Genesis Kapitel 12, 10-25, 18　Vandenhoeck und Ruprecht, 1952.)
リチャードソン, A./西谷幸介 [訳] (2012). 仕事と人間―聖書神学的考察　新教出版社
Beuchner, F. (1993). *Wishful thinking: A seeker's ABC*. (Revised and expanded ed.). New York: Harper One.
Neafsey, J. (2013). *A sacred voice is calling: Personal vocation and social conscience*. New York: Maryknoll, Orbis.
Palmer, P. J. (2000). *Let your life speak: Listening for the voice of vocation*. San Francisco, CA: Jossey-Bass.

◉Chapter 5
伊藤崇達 (2012). 学びのセルフ・コントロール　速水敏彦 [監修] コンピテンス―個人の発達とよりよい社会形成のために　ナカニシヤ出版　pp.3-11.

エリクソン，E. H.／朝長正徳・朝長梨枝子［訳］（1990）．老年期―生き生きしたかかわりあい　みすず書房

及川昌典（2012）．知られざる力―自動動機　鹿毛雅治［編］モティベーションをまなぶ12の理論―ゼロからわかる「やる気の心理学」入門！　金剛出版．pp.135-160.

ジマーマン，B. J.・シャンク，D. H.／塚野州一［編訳］（2006）．自己調整学習の理論　北大路書房

スノードン，D.／藤井留美［訳］（2004）．100歳の美しい脳―アルツハイマー病解明に手をさしのべた修道女たち　DHC出版

Carstensen, L. L. (1991). Selectivity theory: Social activity in life-span context. Annual review of gerontology and geriatrics, **11**, 195-217.

Dweck, C. S. (1986). Motivational processes affecting learning. *American Psychologist*, **41**(10), 1040-1048.

Lock, E. A. (1968). Toward a theory of task motivation and incentives. *Organizational Behavior and Human Performance*, **3**(2), 157-189.

Seligman, M. E., Steen, T. A., Park, N., & Peterson, C. (2005). Positive psychology progress: Empirical validation of interventions. *American Psychologist*, **60**(5), 410-421.

Taylor, S. E., Pham, L. B., & Armor, D. A. (1998). Harnessing the imagination: Mental simulation, self-regulation, and coping. *American Psychologist*, **53**, 429-439.

Zimmerman, B. J. (2002). Becoming a self-regulated learner: An overview. *Theory Into Practice*, **41**, 64-72.

事項索引

あ行

アダムとエバ　70
安息日　69

イエス・キリスト　67
生きる目的（purpose in life）　13
祈り　84

エデンの園　69

か行

価値　35
カリスマ的リーダーシップ　60
感謝　102

ギフト（たまもの）　82
キャリア・アンカー（career anchor）　68
協調学習（collaborative learning）　6
共同注意（joint attention）　23
共同的メタ認知　7

さ行

サーバント・リーダーシップ　60, 65
サクセスフル・エイジング　18

ジェンダー　41
ジェンダー・ギャップ指数　50
時間展望　32
自己決定理論（Self-determination theory）　14
自己制御学習　98
自己調整力　98
自己リーダーシップ　60
静かなリーダーシップ　60, 65

使命（ミッション）　81
社会保障制度　53
主観的 well-being（subjective well-being）　17
生涯発達　2
女性活躍推進法　52
女性差別撤廃条約　50
心理社会的発達理論　14

正規雇用　44
聖書　69
性別職務分離　44
性別役割分業　46
戦略的リーダーシップ　60, 65

創世記　69
相対的貧困率　45
ソーシャル・キャピタル　17

た行

対話　6
短期目標（近接目標）　90
男女共同参画社会基本法　50
男女雇用機会均等法　50

遅延報酬　90
抽象的思考　32
長期目標（遠隔目標）　90

強み（strength）　24

天職（vocation）　81

動機づけ（モチベーション）　13

な行

内省（リフレクション）　6

人間の「罪」　70

は行

非正規雇用　44

ファシリテーター型リーダーシップ　60, 65
フェミニズム　41
「ぶどう園の労働者」のたとえ　77
ブラック企業　72
プロテスタント・キリスト教　67

ポジティブ・アクション　51

ま行

マインドフルネス　6

無償労働　45

「女神的」リーダーシップ　65
メタ認知　7

や・ら・わ行

有償労働　45

リーダーシップ　57
リーダーシップ創出モデル　58
リーダーシップ理論　65

列国議会同盟（IPU）　50

ワーク・ライフ・バランス　44
ワークキャリア（work career）　1
ワンダフル・エイジング　18

人名索引

A-Z
Adair, J.　59
Andrews, F. M.　17
Austin, J. T.　17

Boal, K.　65
Boyle, P. A.　17
Brown, D　17, 41

Carstensen, L. L.　102
Cooley, C. H.　2

Diener, E.　17
Dubé, M.　17

Goathals, G.　65

Hooijberg, R.　65

Kabat-Zinn, J.　6

Langer, E. J.　17
Lecci, L.　17

Miyake, E.　15

Peterson, C.　26

Riediger, M.　36
Robinson, J. P.　17
Rodin, J.　17

Seligman, M. E.　102
Sorenson, G.　65

Taylor, S.　99
Tokutsu, S.　10

Ueda, N.　15

Vancouver, J. B.　17

あ行
東　浩紀　iii

五十嵐暁郎　51
石田英敬　v
伊田広行　41
伊藤崇達　98

乾　彰夫　i-iii
井深八重　87, 88

ヴェイユ（Weil, S.）　71, 72
ウェーバー（Weber, M.）　80
上野千鶴子　47
宇野重規　iii

エリクソン（Erikson, E. H.）　3, 14, 26, 102

及川昌典　102
大石繁宏　17
大澤真幸　iii

か行
ガーズマ, J.　65
加賀裕郎　iii, iv
金井壽宏　6, 68
カルヴァン（Calvin, J.）　80
川島典子　45, 53
ガンディー, M.　87
カント, I.　v
キング Jr., M. L.　87

久木元真吾　iii, iv
日下菜穂子　10, 15, 18, 58
クラーマー, R.　69
クラナッハ, L.　80
グリーンリーフ, R. K.　65

コヴィー（Covey, S. R.）　60
児美川孝一郎　i, 67, 84
小峰隆夫　52
今野晴貴　72

さ行
笹山尚人　72
サッチャー, M.　57, 58
佐藤博樹　53
サンドバーグ（Sandberg, S.）　47

ジガーミ, D.　59
ジマーマン（Zimmerman, B. J.）　98
下村英雄　41
シャイン（Schein, E.）　39, 68
シャンク, D. H.　98

シューラーズ, M. A.　51
ジョブズ（Jobs, S.）　3

ゼレ（Sölle, D. S.）　72

スーパー（Super, D. E.）　2, 41
杉山尚子　21
スタインバーグ, C.　52

セリグマン（Seligman, M. E. P.）　24, 26

た行
タイラー（Tyler, T.）　65
ダントニオ, M.　65
デシ（Deci, E. L.）　14
デューイ（Dewey, J.）　ii, iv, v, 6

な行
ナイチンゲール　57-59
中根誠人　52
中原　淳　6
中村　剛　88

西尾亜希子　46
ニフシー（Neafsey, J.）　81-84, 87

は行
パーマー（Palmer, P. J.）　81-84, 87
バーンズ（Burns, J. M.）　65
バダラッコ, Jr., J. L.　65
パットナム, R. D.　17
濱口桂一郎　46
速水敏彦　ii
原　宏之　ii
バルデス（Baltes, P. B.）　2

東方敬信　76
フォン・ラート, G.　71
ブフナー（Buechner, F.）　87
ブルッゲマン, W.　69

ベック（Beck, U.）　iii

ホーン川島瑤子　41
本田由紀　ii

ま行

マザー・テレサ　57-59
正高信男　ii
松下佳代　v

三宅えり子　58, 59
宮本みち子　iii

諸富祥彦　76

や・ら行

山田昌弘　ii

ライアン（Ryan, F.）　14

リース, F　65
リチャードソン, A.　69, 71

リンド（Lind, E.）　65
ルター（Luther, M.）　80, 81
レイサム, G.　35
レヴィン（Lewin, K.）　36
ロック（Locke, E. A.）　89

【執筆者】

加賀　裕郎（かが　ひろお）
同志社女子大学現代社会学部教授（同学長）
専攻：教育哲学，道徳哲学
主要著作：『デューイ自然主義の生成と構造』（晃洋書房，2009 年）
担当：巻頭言

日下　菜穂子（くさか　なほこ）
同志社女子大学現代社会学部教授
専攻：高齢者心理学
主要著作：『ワンダフル・エイジング―人生後半を豊かに生きるポジティブ心理学』
（ナカニシヤ出版，2012 年）
担当：Orientation, Chapter 1, Chapter 2, Chapter 5

三宅　えり子（みやけ　えりこ）
同志社女子大学現代社会学部教授
専攻：比較・国際教育学，ジェンダー研究
主要著作：『アジアのなかのジェンダー 第2版』（共編著，ミネルヴァ書房，2015 年）
担当：Chapter 3

才藤　千津子（さいとう　ちづこ）
同志社女子大学現代社会学部教授
専攻：キリスト教神学，パストラルケア & カウンセリング
主要著作：『キャリアデザインの多元的研究―職業観・勤労観の基礎から考えるキャリア教育論』（共著，現代図書，2008 年）
担当：Chapter 4

尾玉　剛士（おだま　たかあき）
同志社女子大学現代社会学部助教
専攻：比較政治学
主要著作：『社会保障論』（共著，成文堂，2015 年）
担当：Column 9

人生の意匠（デザイン）
心理・社会・超越性からのアプローチ

2016 年 11 月 20 日　初版第 1 刷発行

編　著　　日下菜穂子
　　　　　三宅えり子
　　　　　才藤千津子
発行者　　中西健夫
発行所　　株式会社ナカニシヤ出版
〒606-8161　京都市左京区一乗寺木ノ本町 15 番地
　　　　　Telephone　075-723-0111
　　　　　Facsimile　075-723-0095
　　Website　http://www.nakanishiya.co.jp/
　　Email　iihon-ippai@nakanishiya.co.jp
　　　　　郵便振替　01030-0-13128

装幀＝編者／印刷・製本＝創栄図書印刷
Copyright © 2016 by N. Kusaka, E. Miyake, & C. Saito
Printed in Japan.
ISBN978-4-7795-1076-2　C1037

本書のコピー，スキャン，デジタル化等の無断複製は著作権法上の例外を除き禁じられています。本書を代行業者等の第三者に依頼してスキャンやデジタル化することはたとえ個人や家庭内での利用であっても著作権法上認められていません。